初めてでもできる手法！！

あなたの商品の
ウリを**1**秒で
伝えてください

JN023341

マーケティングコンサルタント

弓削 徹

自由国民社

キービジュアルなら秒で伝わる！
成功事例集

---

①サイズ感を伝えたい

微細なサイズを訴求したい**「血管内視鏡用レンズ」**

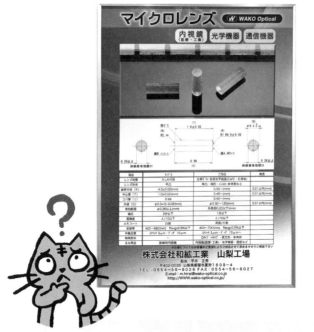

従来は、わかりづらい表現で説明。

商品のサイズを小さな虫と比較。
「てんとう虫のレンズ」 で記憶してもらえる。

②効果を見える化したい

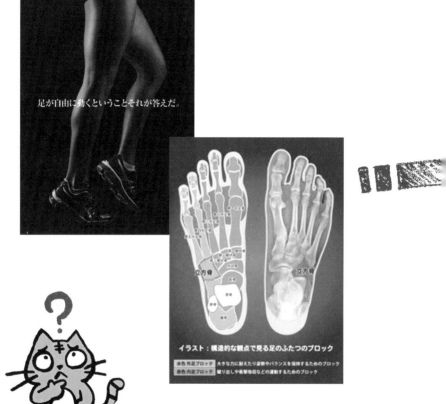

イラスト：構造的な観点で見る足のふたつのブロック

従来は専門的、イメージ的に表現。

骨格で足アーチを支える
効果を一目で理解してもらえる。

③メリットを見える化したい

食品パッケージ全タイプの
金属検査ができることを伝えたいが、
本体写真のみではわからない。

さまざまなパッケージに
対応できることを、
イラストの数で訴求。

④フクザツなシステムを説明したい

言葉で説明すると……

　雪かきをしなければ通行や太陽光発電に支障が出る豪雪地帯で、雨水を地下タンクに貯めてポンプで循環させ、冬は屋根上の積雪を溶かしたり、庭や通路の融雪を行い、夏は太陽光パネルの汚れを洗い流して発電効率を高められるエコなシステムです。一度、流した雨水は敷地内のU字構で回収してもう一度タンクに戻し、再利用します。氷点下でも雨水が凍らないよう、害のない不凍液を適時、自動的に、投入できるので凍結の心配がありません。

文字ばかりでは読む気が起こらない。

雨水で、冬は消雪・夏は太陽光パネル冷却。

① 雨が降る　③ 消雪・散水

rain water use & reuse system
雨水循環エコシステム
エコスマ

※太陽光パネルの表面温度は夏季には80℃に近く上昇。発電効率が30%も下がることがあります。

導入のメリット

● 除雪作業が不要に
除雪の煩わしさ、危険作業が不要。
で凍結が上がって下や不満足になる消雪可能。

● 太陽光発電の効率アップ
散水することでパネルの表面温度を下げて、
夏は湿度で発電量をアップ。

● 電気代をカット
太陽光発電の効率をアップして、
購入電力量を抑えて電気代を低減。

● 水道代をカット
雨水の利用面もちろん、トイレ洗浄する
洗車、庭の水やりに使うので水道代を低減。

● 環境に優しい
雪融かすことで、人体に散布などで湿雪を抑制、
地下水を動かず地面にできるので、地下水位の低下や
井戸水の枯渇、地盤沈下を抑制。

③ トイレ洗浄
（洗車、庭木水やり）

ポンプ

③ 消雪

② タンクに貯める

不凍液
（氷点下のとき）

④ 回収してリユース

U字溝

株式会社 住まい・環境プランニング　住所：〒939-0306富山県射水市手崎445-2　TEL：0766-55-1872

図解により、システムの
仕組みとメリットが直感的
にわかる。

⑤潜在的な課題、ニーズを喚起したい

人にはそれぞれ隠れた辛さ、
健康不安があることを訴求したい…。

困りごとの明解な訴求で
展示会ブースにターゲットを誘引。
シンプルなビジュアル化で、
遠くからでも視認性抜群。

⑥他社との比較を見せたい

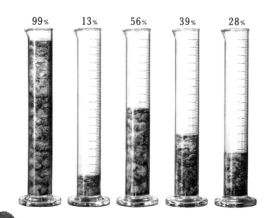

化学をイメージさせつつ、
効果的な比較を見せたい…。

3

ヘアケアの真実

本物にこだわる多くのサロンが愛用しているのが―パルガ。

30年以上も前に発売され、
多くの芸能人やセレブたちに愛された"レラ"。
そのレラから進化したパルガは、
美容業界のプロが認めた品質です。
類似製品とは、アミノ酸の質と量が、まったく違います。

A社　　B社　　パルガ

石油系にほんの少し　少量の　　アミノ酸が
アミノ酸を入れている　アミノ酸　　2倍以上

さらにプラチナコロイド、ローヤルゼリー、
カミツレエキス、ハーブエキスなど髪を輝かせる
有効成分をぜいたくに配合。

プロ仕様のサロン専売品です　Parga HAIR CARE SERIES

パルガ・ヘアソープ [3種類]
250㎖…………………3,150円（税込）
1,000㎖〈詰替〉………8,400円（税込）

パルガ・ヘアコンディショナー [3種類]
210g…………………2,625円（税込）
500g〈詰替〉………… 4,725円（税込）

パルガ・アクアレスク
200㎖…………………2,625円（税込）
650㎖〈詰替〉………6,405円（税込）

➡ ぜいたくなホームケアで、ご自宅でもサロンの仕上がりに!

まずは
お試しキットから

1,155円（税込）

有効成分アミノ酸をたっぷり含む良心的な
商品スペックを、 目で見てわかる表現で比較。

⑦歴史と進化を表現したい

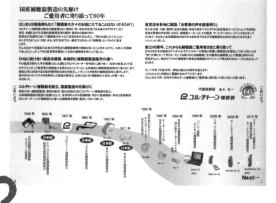

60周年の歴史と新製品とを
流れの中で見せたいが、分かりづらい…。

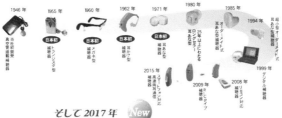

国産の補聴器をはじめてつくった
メーカーであるとともに、
進化を止めない姿勢と新製品を
一つのキービジュアルで表現

⑧人を主役にしたい

職人の技術力を訴求したい…。

インソールを、
再発明する。

Theme

BMZ

「たかが、インソール。
しかし、足元がすべてを
決めることもファクト。」

モノトーンにすることでドキュメンタリー感を
演出、技術力の高さを訴求できる。

あなたの商品のウリを1秒で伝えてください

弓削　徹

見込み客に秒で伝えるキービジュアルのチカラ

　本書は、デザインやレイアウトを理解するための本ではありません。キービジュアルを発想するための本です。

　いちばん伝えたいことを一言で表すのがキャッチコピーなら、キービジュアルはそれを1枚の絵で表すものです。

　広告やウェブサイト、ランディングページ（検索結果や広告などを経由してユーザーが最初にアクセスするページ）をつくるのは、ビジネス上の目的や課題があるからだと思います。

　●ビジネス上の課題
　　・商品をもっと売りたい
　　・フクザツなサービス内容を理解してほしい
　　・ウリがたくさんあって伝わらない
　　・価格の高さを納得してもらいたい
　　・対象となる顧客層をわかってほしい
　　　…など

　キービジュアルは、そうした課題を解決するための「絵」です。

　キャッチコピーは読んでもらえなければ役割を果たしませんが、キービジュアルは見るだけなので「1秒」で効きます。

　レイアウトのバランスやデザイン処理、色指定について本で学ぶなら良書がたくさんあります。

　それら多くのデザイン本とは異なり、キービジュアルによってマーケティングの課題を解決するために書かれたのが本書です。

　専門用語はできるだけ使わずに解説するとともに、商品の特長やメリットごとにぴったりのビジュアル例のひな型を提示しましたので、デ

ザイナーでなくてもキービジュアルを発想でき、効き目のあるランディングページや営業資料がつくれるようになります。

キービジュアルとはどんなもの？

　ウェブページやフライヤーなどの広告では、多くの場合ど真ん中に写真やイラストなどのビジュアルが配置されています。このビジュアルは、見込み客の目を引き、行動を起こさせるものでなければなりません。広告表現の主役なのですから当然ですね。

　そして、そのビジュアルは具体的でわかりやすく、ときに意外性があるべきです。さらに、感情を揺さぶるものであるなら申し分ありません。

　つまり、キレイなだけのイメージ写真や、モデルが微笑んでいるだけのフリー素材ではビジネスの課題解決にはならず、もったいないということなのです。

■キービジュアルの例

キャッチコピーにはパワーがありますが、それだけでは期待通りのイメージを抱いてもらいづらいときもあります。

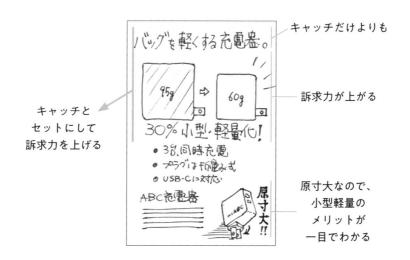

商品のメリットがひと目で伝えられるキービジュアルを得て、キャッチコピーもより端的で短くすることもできます。

しかし、このキービジュアルは丸投げできません。

というのも、広告会社などに外注しても、納品されるのは「カッコいい、イメージのよい、しかし商談が前に進まない」ビジュアルであることが少なくないからです。

もちろん、スーパークリエイターに発注できるのなら問題はありません。そうでないなら、あなた自身がキービジュアルを考えなければならないのです。企業の課題を解決するキービジュアルは他人任せにはできません。

レイアウトのバランスや書体選定、色指定、細部の処理などの「デザイン」は広告会社やデザイナーなど専門家に任せればいいのです。

しかし、課題を解決できるキービジュアルを考えるのには、コンセプトやアイデアが必要です。まずは、あなたがその本質を考えてください。

文章でも動画でもなくワンビジュアルで伝える時代

近年は、文章を読んでもらえなくなったと言われます。そのため、動画で説明をすると伝わるという意見もあります。

しかし、その動画もいまはショート動画の時代になりました。つまり、ユーザーは数分の動画を見る時間も、集中力もなくなってきているのです。

では、次はどうなるかというと、文字を読まず、動画も再生しなくてもわかる、ワンビジュアルの時代になると私は考えています。

アメリカでは、キャッチコピーのない広告が増えているといいます。日本国内でも、文章から意味を汲みとって理解してもらうことがだんだんむずかしくなってきている印象です。

　ヒットしている商品を見ると、「何に使うか」、「どう使うか」をデザインが語りかけてくるような、直感的に使いこなせる商品が多いと気づかされます。

　そこには、アートのようなデザインではなく、機能としてのデザインがあり、生活者に親切に寄り添ってくる温かなカタチがあります。ウェブや広告のコミュニケーションであれば、それはなおさら有効です。

　私は言葉を使って仕事をするコピーライターですから、キャッチコピーやキーワードは重要だと考えています。けれども、コミュニケーションの効率やスピードを考えたら、キービジュアルにはかないません。

　往年の名映画監督のアルフレッド・ヒッチコックは、「セリフが少なく、シーンで見せる映画こそが、名画だ」と喝破しています。

　一瞬で伝わる。直感で理解される。これこそが、広告表現に求められる機能です。

営業資料も一方通行で伝わるビジュアルが強い

　最近の販促、販路開拓では、ウェブページやランディングページなど、見込み客に対して一方通行で説明する「無人」メディアが主流になってきています。

　オンライン商談、インサイドセールスの機会が増えており、営業スタイルも飛び込みや売り込みというプッシュ型より、興味を持ったお客様からのアクセスに応えるプル型になっていく傾向です。

　一目でわかるビジュアル優位な営業資料により、説明しなくても理解してもらえるようなコミュニケーションを土台とする商談ができれば、それはオンラインでも対面であっても強いのです。

競合とのプレゼンテーションもキービジュアルで決まる

　私はクリエイターとして30年以上デザイン制作をしてきましたが、デザイナーではなくコピーライター、クリエイティブディレクターとして働いてきました。

　けれども、専門職ではないからこそ客観的な目線でキービジュアルを理解し、その効果と発想法を語る資格があるのではないかと考えています。

　以前は企業に呼ばれて競合とのプレゼンテーションにも数多く参加していました。そのとき、何で差がつくかというと、キービジュアルなのです。

　競合の広告会社も「コンセプト」は企画するのですが、それをデザインに落とし込む段階で、キレイなイメージビジュアルになってしまったりするのです。

　そこには、キービジュアルで課題を解決するという発想がありません。イメージ広告を出稿しても売れるブランド力があったり、売場を押さえているトップ企業はいいでしょう。しかし、そのように恵まれた立場で展開できるビジネス機会はなかなかありません。

　プレゼンの席上で「御社（商品）の課題は〇〇〇という点です、このキービジュアル表現でそれを解決できます」と提案すると、多くのケースで納得してもらうことができました。

　企業の広告担当者は、伝えるべき内容はなんとなくわかっていても、それをどのように表現すればいいのかわからないことが悩みなのです。

　ウェブやランディングページ、フライヤーやDMだけでなく、営業資料も会議も商品パッケージも、キービジュアルがカギを握っています。

　ビジネスの現場は理解してもらい、選んでもらうことの連続です。そ

のとき、直感的に受け入れられるキービジュアルは強力な武器になります。

　本書は、キービジュアルで何を表現するべきかをはじめ、その表現内容に応じてどんなキービジュアルにしたらよいかのヒントと見本を豊富に掲載しました。

　ノンデザイナーのために、基本的なレイアウトの仕方やキャッチコピーの書き方、各種販促ツールのつくり方まで、わかりやすく解説しています。

　また、本書ではキービジュアルのアイデア例として私自身が描いたサムネイルが使われています。

　ヘタな絵でも、意図が伝わればいいのだという事例としてご容赦いただければ幸いです。

　キービジュアルとは、いわばコミュニケーションの次元を光速へと高めるツール。

　その武器の価値を手に入れ、研ぎ澄ますことで、あなたのビジネス課題を解決に導いてほしいと願っています。

弓削　徹

第 1 章　なぜキービジュアルは効果があるのか

第 **2** 章　　一瞬で伝わる
キービジュアルの使い方

第3章 キービジュアルの つくり方・考え方

第 **4** 章　キービジュアルに使う素材はこれだけ

第 **5** 章　レイアウトは
　　　　　このツボだけ押さえる

第 6 章　ツール別・作成の　ずるいヒント

第 **1** 章

なぜキービジュアルは
効果があるのか

秒で伝わるキービジュアルなら、
ビジネスの課題を解決できる

ビジネスの課題を解決するのが
キービジュアル

　キービジュアルとは、ウェブサイトやLP（ランディングページ）、あるいはフライヤーなど販売促進や広告表現で使用されるメインのデザインや画像のことです。

　「一枚絵」ともいうべきもので、アイキャッチやメインビジュアルなどとも呼ばれます。これにより商品やサービスへの注目を喚起します。そして、キャッチコピーと一緒に提示されることで商品内容を説明したり、メリットを訴求したりします。

　映画のポスターを思い浮かべてみてください。ポスターに使われているキービジュアルは、多くの場合は世界的に有名なハリウッド俳優の顔で差別化できていますが、なかには新規性の高い（いままでに見たことがない）シーンを表現して、遠くからでも「あの映画！」と認識される事例もあります。

キービジュアルは何かを伝える使命を持つ

　例えば『テネット』のポスターは主人公の立ち姿が二つに裂かれ、上下逆転してレイアウトされています。これは、「時間が逆行する」という本映画のテーマをそのまま表現したものです。

　過去の有名作でも、「ジョーズ」では海面を泳ぐ人の下に鋭い牙のサメが大きくレイアウトされています。

　国内作品の「セーラー服と機関銃」ではミスマッチを狙ったタイトルそのままに、セーラー服を着た薬師丸ひろ子さんが機関銃をぶっ放したシーンになっています。

■キービジュアルの例

　次の例は、私が授業をしている日本工業大学専門職大学院において入学希望者を募るために企画したタペストリーのデザイン案です。ビジネスの現場で役立つ実践的な授業内容を、陽明学の始祖・王陽明になぞらえて表現しています。

　いずれも、絵の要素や構図、描く内容により、オンリーワンの存在感を強く印象づけられるようにと工夫をしているわけです。

　広告業界では、こうした広告表現を「クリエイティブ」と呼び、まさにクリエイターたちの腕の見せ所となっています。表現の訴求力が強ければ、少ない広告費や印刷費でも効果が上がるのです。

　効果とは、クリエイティブの中心になるキービジュアルのパワーにより、初期の目的を達成することです。

キービジュアルは課題を解決する

　ところが、実際にウェブサイトやカタログ、雑誌広告を眺めていると、あまり意味を持たないイメージ画像や、モデルさんの笑顔の素材写真だけ、など本来の役割を果たしていないキービジュアルが多くの

ケースで見られます。

　あなたもお客様としてさまざまなキービジュアルを目にしてきていることと思いますが、キービジュアルによって商品メリットを理解できた、あるいは購買意欲をそそられた、という経験はそれほど多くはなかったのではないでしょうか。

　本来、企業がコストを支払って制作し、露出をするキービジュアルは、何らかの課題を解決したり、目的を達するための表現であるべきです。

　課題や目的とは、例えば言葉だけでは説明のむずかしい商品内容を理解してもらうことや、商品を買ったあとのメリットを一瞬で伝えることもそうです。

　そして、結果として見込み客の「買いたい」という購買意欲を高めてもらう、購買行動につながる意思決定をしてもらうことなのです。

非言語表現だからこその伝達力

　広告表現では、まず目立つこと、人を振り向かせることが求められます。しかし、秀逸なキャッチコピーがあったとしても、「読んでみよう」というモチベーションをかき立てられなければ、話がはじまりません。

　そのような"アイキャッチング"ができるのも、キービジュアルの役割だということができます。

　また、キャッチコピーのような言葉や文章と異なり、キービジュアルが有利な点は対象者を選ばないということです。

　見てほしいターゲットが子供であっても、言葉のわからない外国人であっても、絵柄であれば伝えることができるのです。

　とくに近年は、効率的に販路開拓を行う場がインターネットへと移り、ランディングページでの集客やリモート営業・プレゼンテーショ

ンなど、ますますキービジュアルがモノを言う環境になってきました。

　ブランドの価値を抽象的なイメージとして受け止めてもらったり、その魅力を構造的に理解してもらうためにも、図解は有効です。

　もちろん、ウェブサイトやカタログ、DM、電車内広告などに限らず、テレビCMやYouTube、屋外ビジョンなどで観ることのできる動画も同じ役割を持つものです。

　ウェブサイトや紙の上に定着した静止画か、動くシーンであるかという性質の違いだけです。

商品のベネフィットを
一瞬で訴求可能

　前項で、キービジュアルには役割があると書きました。

　おカネと時間をかけて制作し、スペースをとる以上は、キービジュアルがなんとなくイメージを伝えるものであったり、ちょっとした雰囲気を表現したりというソフトなものだけでは、費用対効果を問われてしまうでしょう。

　イメージビジュアルでは、商談が前に進みません。お客様は説明文を読んだり、必死に想像したりする必要が生じてしまうからです。しかし、いまは長文が読まれない時代ですから、結局は届かず、商品は売れない。

　せっかくの広告表現ですから、そこはかとなく高級感を伝えるデザイン、なにやら楽しそうな雰囲気を伝えるデザイン、そんな役割だけではもったいないはずです。

　キービジュアルは瞬時に伝わるデザインだからこそ、「売れない」などビジネスの課題の解決者という役割を担えるのです。

大手企業のキービジュアルはどんな感じ？

　では、広告を企画するときにお手本にされることの多い大手企業はどんな表現をしているのでしょうか。

　じつは多くの場合、イメージビジュアルなのです。

　もちろん、知名度があり、全国の量販店やコンビニなどの売場を押さえている大手企業であれば、人気タレントの笑顔だけでも許されるかもしれません。

　「橋本環奈がCMに出ているクルマを買いたい」とか、「菅田将暉の

スマホにしよう」と行動してくれるユーザーがいるからです。

　大手企業が扱っている商品はシンプルなものが多く、説明の必要がなかったり、すでに認知を獲得しているので折に触れて再確認だけしてもらえれば十分ということもあるでしょう。
　また、知っている商品を惰性で買い続けるような最寄り品を扱うことも多く、反対に説明の必要なこむずかしい商品を販売することは少ない。だからイメージビジュアルやタレント広告に頼って、商品を刷り込もうとするのです。

　それでも、大手企業は今日もテレビCMやネット広告に多額のコストをかけて広告表現を届けています。
　しかし、マーケティングにコストをかけ、企画や戦略にも余念がない大手企業が、なぜそのような非効率なことをしているのか疑問ですよね。
　じつは、マーケティング戦略に基づいてウリやメリットを訴求していても、同じようなイメージ表現になってしまうのです。

「大切な人を喜ばせることができますよ」

　例えばマクドナルドやケンタッキーフライドチキンは、まさに説明の必要のない有名チェーン店です。しかも、その表現はいつも同じようなパターンです。
　おいしそうだと思わせるための、五感を刺激するシズル表現。鉄板で焼かれるハンバーグパティや、油に投入されてディープフライされたあと、調味料を振られるチキンなどですね。
　これは、「おいしい」というイメージを定着させるため、飽きずに同じイメージを発信し続けているわけです。
　宝飾品やアパレルなどのラグジュアリーブランドであれば、高級感を抱かせるシーンをイメージさせ、定着させようとするでしょう。

あるいは、家族連れが幸せそうに子供を中心に笑顔を見せるシーン。（ここへ食事に来れば幸せになりますよ）と訴求しています。

　こちらはおいしさではなく、「空間やサービス、ノベルティグッズなどにより子供やパートナーが喜び、笑顔になりますから」ということを想起させようとしているわけです。

　人にとって究極の幸せとは、身近な誰か（家族、恋人、友人、同僚）に喜んでもらいたい、愛されたいという願望が満たされることであり、それを満たす場所であるとする表現が、もっとも強力なメリットの訴求になると結論が出ているからです。

　一人ひとりは強く意識はしていないけれど、それが多くの人にとって切実な願望だから、いちばん生活に関わるからなのです。つまり、結論は常に「近しい人間関係が向上する（モテる）」となるのです。

　例えば雑誌『東京カレンダー』の表紙は毎号、隣席から愛のある視線（こんなにいいお店を知っているあなたは素敵ですね）を送る女性のビジュアルになっています。

■大切な人との関係性がよくなります

　ですから、それを実現するための表現コンセプトは次のようになり

ます。

歯磨き：口臭予防→近距離で話せる→異性と親密になれる
マクドナルドのハッピーセット：子供の笑顔→親の笑顔
味の素CookDo：おいしく手軽→家族の晩ごはんが元気で賑やかに
なる　（キャッチコピーは、「中華が家族を熱くする」です。）

ただし、これだけ賢明に設計されたマーケティング戦略のアウトプッ
トが、ただのイメージ表現と同じになってしまうことは皮肉といえる
かもしれません。

新たな価値を持つ商品こそキービジュアルが必須

こうしたナショナルブランドの幸せ表現やイメージ表現はテッパン
ですが、有名ブランドだから受け入れられるといってもよいでしょう。

これに対して、中小企業や店舗は差別化点を特定し、きちんと伝え
るべきです。BtoBはとくにそうです。
中小企業・店舗や、少し説明が必要な新製品などでは大手企業と同
じようなイメージ表現をとっても差別化にならず、埋もれてしまう場
合がほとんどです。

しかもスモールビジネスやスタートアップは、大手企業との直接的
な戦いをさけるためや、新しい価値を生んで社会に貢献したいという
考えから、従来の市場にはない、新たな性質の新商品を投入すること
が多いといえます。
そのため、見込み客の最初の反応は「これ、何?」というものにな
りがちです。なかには、対面して説明しても理解してもらえない経験
をお持ちのビジネスパーソンもいるでしょう。
展示会が、中小企業にとって格好の販路開拓の場になるのもこの点
に要因があります。つまり、説明やセールストークがうまくない会社

であっても、実物を見てもらって説明すると伝わりやすく、理解を得られやすいということなのです。

　それにもかかわらず、ちょっと説明の必要な新基軸の商品で市場を新たに開拓しようとしている会社が、大手企業をお手本としてイメージビジュアルを使った広告表現をつくってしまうのです。
　それで、うまくいけばいいけれど、伝えたい内容がターゲットに届く割合は高くはありません。インフルエンサーやメディアが取り上げてくれて、ヒットする幸運な例はあります。

　けれども、予算の限られた中小企業は、そんな確率のゲームに賭けることはできません。だからこそ、きちんと伝えられるキービジュアルが必要なのです。
　ところが、では誰がキービジュアルを考えられるかというと、これがむずかしい。しかし発想の枠組みがあれば、誰でもアイデアを出せるようになるものです。
　そのため本書では、伝えたい内容別に活用できるフレームワークをご用意しました。

言葉より動画、動画より
キービジュアルの時代

　最近はウェブサイトでもカタログでも、長い文章の説明は読んでもらえません。キャッチコピーでさえ、「12〜13字程度で書きましょう」と言われるほど、短さを重視するようになってきています。

　また、近年は読解力の低下が問題視されており、少し長めの文章で説明をした場合などは、意図した通りに受け止めてもらえないと感じることも少なくありません。

　ビジネス上のやり取りでさえ、メールよりもFacebookのメッセンジャーやLINEが多用される時代です。

　価値のある商品ほど、説明をじっくり読んでもらえればそのよさが伝わるのですが、それが許される環境ではなくなってきているのです。

言葉より動画のほうが伝わりやすい

　とくにＺ世代などの若年層は、何かを知ろうとする場合、Google検索よりもSNSやYouTubeで検索をして、1〜2分程度の動画を見てサクッと理解しようとする習慣が身についてきています。

　その証拠に、検索回数ナンバーワンはGoogleですが、2位はYouTubeです。動画は伝えることのできる情報量が非常に多いといわれ、何かを学ぶのにはうってつけだというわけです。

　そのため、企業側も動画での情報発信に取り組むところが増えています。ウェブサイト上に置かれた宣伝動画だけでなく、取扱説明書やマニュアルもどんどん動画やAR（拡張現実）に置き換わってきてい

ます。

　文章を読んで理解するのはめんどうだが、動画を見ながら実践するのならできる、というニーズに応えるためです。多民族国家であるアメリカなどでも、言語メッセージよりもビジュアルでシンプルに伝えるほうが確実であるとされ、多くの企業が実践しています。

数十秒の動画ですら長すぎる！？

　ところが、「タイパ（タイムパフォーマンス）」がトレンド・キーワードに上がるほど、いまは時間が価値を持つ時代です。

　ハードディスクレコーダーに録画したドラマや、ブルー・レイディスクでレンタルした映画を視聴するときも、早送りして見ているのがいまの若年世代です。

　そのため、2分間の動画を黙って見てくれることすら期待できなくなってきています。

　各SNSが、こぞってショート動画のコンテンツに対応しはじめていることを見てもそれは明らかです。30秒以下のショート動画の再生回数は普通の動画の比ではなく、2ケタ以上多いことも珍しくありません。

　つまり、コミュニケーションの時短はエスカレートしているのです。

　知識を得ようとするときも、将来的には検索すらしなくても音声AIが数秒でズバリの回答を弾き出してくれるようになるでしょう。

　このようにコミュニケーション効率の短縮化が進んでいくとき、そのいきつく先の一例が、まさに秒でわかってもらえるキービジュアルです。

　1コマンガのように1枚のビジュアル（＝静止画）で伝えるのですから、伝達は一瞬です。タイパを追求する現代人、若年層に訴求したいと考えた場合、最適なツールがキービジュアルなのです。

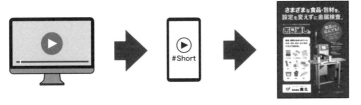

2～3分くらいの動画 　　　20～30秒程度の動画 　　　秒で伝わるキービジュアル

──1ビジュアルで表現するメリット
- 言葉がなくても一瞬で伝わる
- ほとんどの媒体で使用でき、連動も可能
- 動画より手軽に作成でき、データ量も軽い
- 再生のクリックをしてもらう必要がない

　しかし、1枚だけのビジュアルで内容を伝えなければなりませんから、表現を考えるのは簡単ではありません。

　多くのケースで、デザイナーなどの専門家に依頼しているのが実態だと思います。しかし、企業自身がキービジュアルやキャッチコピーを考えることなどできない、誰かに任せたいと逃げているうちは、本質的に効果を持つビジュアル・コミュニケーションはできないと思います。

　商品やサービスの価値をいちばんよくわかっているのは、企業の「中の人」だからです。

コンセプトがあるかないか

　キービジュアルを考えるときに準備が必要となるのが、コンセプトです。広告表現をつくるときなどに、よく「コンセプト」という言葉を使います。このコンセプトとは、意図や目的のことです。ときには定義や説明を指すこともあります。

　例えば、アートの世界や建築などでもコンセプトといいますが、本書ではビジネスを動かすコンセプトのことを呼びます。つまり、ビジ

ネスの課題を解決しようとする目的や狙いをコンセプトとして扱うのです。

　単に雰囲気のいい表現では、「コンセプトがある」とはいえません。
　「よい雰囲気を伝えるというのがコンセプトです」というケースもあるかもしれませんが、ビジネス・コンセプトは、もっと明解に「商談」が進むものでなければ困ります。
　有効なコンセプトとは、「見込み客にベネフィットを理解してもらう」とか、「商品を買うべき理由が伝わる」結果を導き出すものなのです。
　まずは、そのコンセプトを意識してキービジュアルを発想していきましょう。

営業・商談の決定力を高める効果

　近年、対面での営業機会は減りつつあります。その要因としては、売り込みが嫌われるようになったことや、マーケティング・オートメーションやインサイドセールスの手法が確立されてきたこと、そして感染症の流行など、さまざまな事象が挙げられるでしょう。

　とはいえ、顧客企業を訪問しての営業や、あるいは展示会ブースなどでの対面セールスにこそ手応えを感じられる、というセールスパーソンの証言に接することが多いのも事実です。

　平均年間給与日本一で知られるキーエンスでも、いかに顧客先に長く滞在してニーズや情報を聞き出すかがKPI※として掲げられています。

　対面していれば、相手の反応を見ながらニーズを探り、そちらの方向へと説明を寄せていくこともやりやすいでしょう。そのほうが商談を進めやすく、成約へとまとめやすいというわけです。

※KPI（キー・パフォーマンス・インジケーター。目標達成のための重要な評価ポイントのこと）

営業資料の役割はリモートでも対面でも重要

　一方で、相手の表情を汲みとってのコミュニケーションがむずかしいZoomなどのリモート営業やインサイドセールスでは、「密着」とは別のポイントこそが非常に重要であるという現実がわかってきました。

　それは、パワーポイントなどで制作してZOOMの画面などで共有する営業資料やプレゼンテーション資料です。

セールスのためのスタッフが十分ではなかったり、対面営業が得意な"スーパーセールスパーソン"が不在の中小企業にとっては、むしろ対面営業においても営業資料の役割は大きいといえます。

　説明が上手ではなくても、資料がわかりやすければ、紙芝居のようにページを見せていくことで成約を引き寄せることができるのです。

■リモート営業での資料の役割

言語以外のコミュニケーションを補完する

録画しておけば不参加の上司に見てもらえる

急成長が望めます

資料に注目してもらい、伝えたい要点を強調する

　私は仕事柄、多くの会社の営業資料を見たりアドバイスをしますし、見込み客として営業を受けることもあります。しかし、どの営業資料も今ひとつという感想です。

　支援先企業の人も、営業資料を見せて説明をしても、期待するほどには契約に至らないという感触を持っています。

　その大きな理由が、もっとも伝えるべきあるコンテンツがなかなか出てこない、そして出てきてもわかりづらい表現であるという現実なのです。

営業資料の冒頭にキービジュアルを入れる

　そのコンテンツとは、これを伝えれば見込み客がヒザを乗り出してくる、購買の決め手となるウリやソリューション（商品のUSP表現）です。

　それがなかったり、あっても伝わりづらい表現であることがとても多い印象です。

　説明する側は十分にわかっている内容だからこそ、はじめて聞く見込み客に対してうまく説明することが困難になるようなのです。

　前提となる知識がなければわからないような不親切な表現を見るケースもあります。

　見込み客も購買担当者であれば一定の知識はあるのですが、毎日のようにその商材について考えているわけではありません。やはり、基礎知識や差別化ポイントを一瞬で伝えるビジュアルを見せることが、とても大切なのです。

　しかし、その商品のプロであればあるほど、またその商品が身近にあることが当たり前であればあるほど、一般の人の感覚からはなれてしまいます。

　世の営業資料には、いわば情報の非対称性ともいえる状況があるの

です。

　こうした営業資料の冒頭に、子供が見てもパッと理解できるキービジュアルが置かれていたらどうでしょう。

　まずは、基本的な共通理解が生まれ、魅力が伝わります。それにより、あとに続くややフクザツな説明にも、辛抱強く耳を傾けてもらえる姿勢ができるのではないでしょうか。それはリモート営業ではもちろん、リアルな対面営業でも共通なのです。

　では、どのように営業資料にキービジュアルを活かしたらよいか、詳しくは248ページをご参照ください。

ウェブ・カタログで
商品力を明解に訴求

　前項では対面での人的営業について書きましたが、多くの販路開拓、集客、あるいは説得の機会がウェブサイト上へと移行していくことは事実であり、止めることができません。

　また、人を介さずに説明、説得するという意味では、ウェブサイトやランディングページなどに限らず、昔から活用されている紙のカタログやパンフレット、フライヤー、ダイレクトメールなどでも同様です。

　ウェブサイトもフライヤーも、一方的に説明をして閲覧者に理解してもらい、購買行動や資料請求をしてもらう性質の媒体です。

　対面であれば相手の興味やニーズを聞き出したり、顔色を見ながら、説明にメリハリをつけることもできるのですが、相手は目の前にいないのですからそうはいきません。

　そのため、上記のようなシーンにおいて見込み客からのアクションに期待する「反響営業」とは、非常に効率的である反面、相手に理解を促して連絡する気になってもらうまでの「説得」がとてもむずかしいといえます。

引き合い・反響営業につながるキービジュアル

　そうした条件下で、とにかくわかりやすく説明しようとすると、主役はキービジュアルとなります。そして、キャッチコピーとの組み合わせがとても重要であるといえます。

　人的な説明やコミュニケーションを交わすことなく理解してもらい、

次のステップへと進んでもらう。これができれば、営業活動は超効率化し、コストパフォーマンスは非常に高まります。

　本当に効き目のある化粧品を製造、販売することを標榜しているD2C（ダイレクト・トゥ・コンシューマー）企業の「北の達人コーポレーション」社長であり、すぐれたマーケッターである木下勝寿さんは、「ウェブマーケティングでは、世界中の商品と簡単に比較検討される前提でつくるべきである。商品の特長を一目でわかるように端的に表現しなければならない」と述べています。

　情報過多であり、多くの人が多忙であるいま、一度はウェブサイトを訪問したり、フライヤーを手にしてくれても、そのタイミングで商品を購入してくれなければ、ほとんどの場合において二度目のチャンスはないでしょう。
　一期一会と言ってもいいせっかくの機会に、一度で理解してもらい、行動を起こしてもらわなければクロージングに至らないわけです。

　さらに、木下社長は言います。「ウェブサイトはテレビのように決まったサイズの中で表示されるのではなく、スクロールしながら見られる。最初の一文やパッと見た印象が肝心。失敗するとあとがどれだけよくても伝わらない」――。
　一度、誤解されたり、売り逃しをしたとしても、全国でリアルな売場を押さえているような強力企業であれば問題はないのです。

　ところが、会社のなかの人みずからがコンテンツマーケティングによるSEO対策をおこない、なけなしの予算でリスティング広告を出稿しているような中小企業では、それは致命的であるといっていいでしょう。
　――どれだけ瞬間的に理解してもらえるか。
　ウェブやフライヤー、カタログのビジュアル表現に命をかける必要があるのです。

説明するべき差別化点があるから勝てる

さらに、左ページで述べたような中小企業に限って、フクザツな機能・性能を備えた商品であったり、はじめて目にするような新機軸となる商品だったりします。

つまり、説明が必要なのです。ごく当たり前の最寄り品では大手企業と差別化ができず、勝つことができないからという背景もあります。

商品の定義や利便性の説明をして理解してもらわなければ、お客様も買おうという気にはなりません。

それなのに、商品の写真だけ、女性モデルの笑顔だけ、キレイな風景写真だけ、のような表現で買ってもらえるでしょうか。

実際、多くの企業のウェブサイトやECサイトはスタイリッシュになってきていると思います。しかし、それだけでは伝わりませんし、発注も来ないのです。

人気タレントの笑顔で十分な大手企業の広告表現であればいいでしょう。

隣に補足説明をする営業スタッフがいるわけではない、中小企業のウェブやダイレクトメールでは、まさにキービジュアルに頼ることしかないのです。

そして、キービジュアル作成方法にはコツがあります。

顧客との接点であるツールの表現内容が何より肝心です。どれほど画期的な商品を開発し、どれほど斬新な販促アイデアを考えても、お客様は表現内容の表面しか見ません。この「球際」がしっかりしていなければならないのです。

球際とは、野球の試合で打者がボールにバットを打ちつける瞬間です。テニスやサッカーでも同じでしょう。その出会い頭にすべてが詰まっているのです。

マーケティング論を積み重ねた頭のよい戦略、企画をよく聞きます

が、広告などは一瞬の出会いであり、それも知識の限定的なお客様がチラリと見るだけです。

しかも、お客様は腰がひけている（売り込まれたくない！）。それで伝わるには何よりシンプルさが欠かせません。1秒で伝わるわかりやすい表現がいちばんなのです。

また、キービジュアルと組み合わせて使用するための「言葉」は装飾をせず、ストレートな内容でも十分です。

大手企業のキャッチコピーを見ていると、なかにはとても文学的な表現をしているものがあります。しかし、必要なのはカッコいい言葉ではなく、伝わる言葉です。純文学を書くわけではなく、いわばビジネス文書の一種なのです。

そのため、「キャッチコピー」は商品の定義や差別化ポイントを短く、わかりやすく端的に述べるだけでもよいのです。

Amazonの説明表現もキービジュアルが主役

Amazonに出店をしている場合でもキービジュアルはとても重要です。

書籍を例にとると、次ページのように表紙の装丁デザインや見本として本文が表示されます。

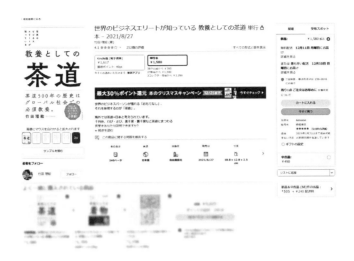

　具体的には上記のように表示されます。

　この商品情報を下にスクロールすると、さらに詳しい商品説明画像を見ることができます。

出版社より

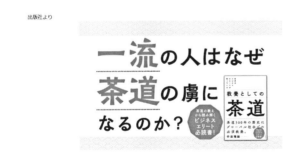

　ここに効果的なキービジュアルをいれると購入頻度が高まることがわかっており、多くの書籍プロモーションではスタンダードになっています。

プレゼンが決まる・会議が進む

　図解は、描くことによって整理ができますし、提示された側も強い刺激となって理解を促進する効果があります。

　百聞は一見に…、ではありませんが、話せば30分かかる内容も、A4紙1枚の図解でなら数秒で理解してもらえることもあるのです。

　このように図解はフクザツな事象を伝えることに向いていますが、その効果はシンプルな内容であっても同様です。

　登場する要素が3つになったら、もう図解を考えたほうがいいのです。図解は、関係性を一目で表現することができます。これによって、言葉で表現しても伝わりづらいことも構造化され、より理解しやすくなります。

■図解の例（ファイブフォース分析の説明図）

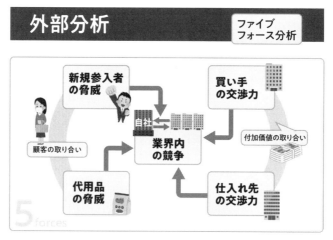

プレゼンテーションの場でも、商談の場でも、相手に理解してもらうことが前提となります。理解を促した上で、選択してもらったり、契約を勝ちとったりするわけです。

　そのとき、端的なビジュアルやキーワードを冒頭に用いて理解をしてもらい、興味を持って話の先を聞いてくれる姿勢をつくれれば、導入部はまずは成功といえるでしょう。

ブランド構築も図解のチカラから

　デザイナーやクリエイターから説明やプレゼンを受けるときによくあるのが、「イメージ写真を何枚も集めたので見てください」というもの。

　それは使用シーンのイメージだったり、想定するユーザーのプロフィール写真だったり、その商品を購入しそうな家庭やライフスタイル、一緒に使われそうなバッグやアクセサリー、クルマの写真だった

■「こんなライフスタイルの生活者に向けたニュープロダクトを…」

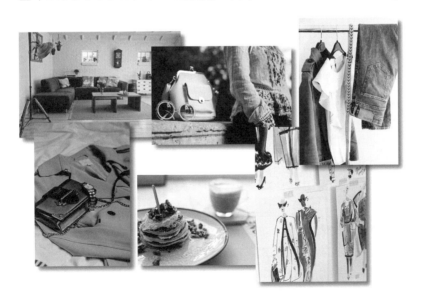

りします。

　そうした写真の集合体によりコンセプトをイメージで伝えようというのです。

　空間デザイナー（飲食等の店舗をデザインする）等でも同じです。こういう国の、こんなテイストに近いのです、置かれる家具はこう、食器はこんなデザインです、理解してください、とプレゼンテーションするのです。

　こうしたやり方は言葉で説明することが得意ではない人がよく使う手法といえます。一種のビジュアルの効用を活かす例ですが、より具体的であればもっと効果的でしょう。

会議は図示できる人の意見で決まる

　会議やブレーンストーミングのような席では、いろいろなアイデアが話されるものの、カタチにして見せることができないと、出席者に今ひとつ伝わらず、納得感を得られません。

　ところが自分で考えたアイデアを図解化し、企画書にして配布したり、その場でノートなどに描いて見せると瞬時に理解を得ることができます。そうすると「これでいけそうだ」と結論に近づくことにもなるのです。私自身、会議の後半にこのワザを使うことで、何度も同様の体験をしています。

　仮に自分ではアイデアを思いつかなくても、他者の出した複数の案からいいとこどりをしてまとめ、「こんな感じですかね」と言いながら図を描くことでもいいのです。

　そうすると、「そうそう、そういうこと」、「わかりやすい」などと評価され、結局は「では、それでいこう」と決まったりするのです。

　とくに単発コンサルティングや公共での個別指導の場で、ノートや手近な複写機から抜きとったコピー用紙に図を描くと、あっという間に腑に落ちていく様子を感じとることができます。

「新規事業をはじめるなら、まずは特設サイトをつくって…」

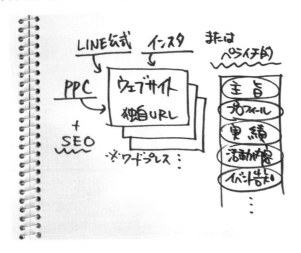

取扱説明書は言語を超えて

　メーカーが作成する取扱説明書は、わかりやすさに課題のあることも少なくありません。

　例えば、介護施設に介護補助のロボットを導入するとします。介護の現場などでは、国内であっても日本語を理解しないスタッフも増えています。そのとき、操作方法の研修などがなくても直感的に使い方がわかるような取扱説明書があれば便利です。

　もちろん、海外へも販売するような商品の場合、言語を超えて理解される図解は何より重要でしょう。

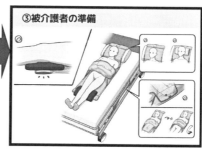

介護ロボット「ロボットヘルパー サスケ」の取扱説明書より

　そのほかでも、キービジュアルは、じつはいろいろな場面で役に立ちます。

　自分のためにメモをとったり、企画や考えをまとめるなど。仕事の分野ごとのノートをつくる、説明の準備をする、マニュアルをつくるなど。

　自社を訪問するお客様への道案内も、地図プラスアルファの情報つきの図をPDFにしてメールで送ったり、ウェブサイトに掲載しておけば説明の手間が省けます。

　相手に図を送ることができない場合も、頭の中に図解の地図を広げ、それを「見ながら」声に出して電話で説明すればよいので、道案内はとても簡単になります。

　言葉はとても便利なのですが、それ以上に伝わるのがビジュアルです。

　ビジネスの推進力とはコミュニケーション力そのもの。キービジュアルとはまさに伝達力であり、解決力、表現力なのです。

第 2 章

一瞬で伝わる
キービジュアルの
使い方

クリエイターでないからこそ、
「デザイン」を効果的に活用できる。

クリエイティブジャンプで
直感的に訴える

キービジュアルはコストをかけて制作されたのち、適切なスペースに印刷されたり、メディアにコストを支払って掲出されます。もしもビジネス上の役割をきちんと果たさなければ、そのキービジュアルは費用対効果が低いということになってしまいます。

多くの場合、ビジネスでは商品が売れることを求められます。そして、売れるためには商品の差別化ポイントを伝えたり、買うことによって得られるメリットを理解してもらうことが必要です。

その役割を果たすのがキービジュアルです。

つまり、「売れない」、「理解してもらえない」というビジネス上の課題を解消することが役割であり、もたらされるソリューションなのです。

このとき、越えなければならないのが「理屈」と「イメージ」の間にある壁です。

ウェブや紙のメディアで目にする広告的表現の多くはイメージ的なものです。それは、行動経済学的に見られるように消費者はきちんと比較したり、正しい判断を下せないからという根拠によるものかもしれません。

キービジュアルがソリューションになる

そして、大手企業ならブランド力があるので「イメージ表現でよいのだ」となります。一方、中小企業は具体的にどう表現したらよいかのノウハウがないため、結局はイメージ的な表現を選択せざるをえな

いことになります。

　あるいは企業が「商品の便益をきちんと伝える表現にしたい」と考えた結果、チラシがまるで学術論文の資料のようになってしまうこともあります。

　つまり、イメージ的になるか、専門的でむずかしくなるか、の両極端になってしまうのです。ふわっとしたイメージ表現では役に立ちませんし、むずかしすぎて理解してもらえなければ伝わりません。

　ここに、有効なキービジュアルが生み出されない原因となるボトルネックがあります。

理論を感覚へと置き換えるジャンプをする

■左脳から右脳へジャンプ

右脳　　　　左脳

　前項の理詰めで導き出されたウリのポイントが左脳的であるなら、これをゼロ秒で伝わるイメージ的な表現へと変換しなければなりません。そのためには、右脳へのジャンプが必要になります。

しかし、クリエイターでもそれをやすやすと越えられるのはほんの一部の人たちのみです。おそらく、そうしたクリエイターを起用しようと思えば、かなり高額な費用を請求されることになるでしょう。

　だからこそ、大企業から中小企業まで、限られたマーケティング巧者である企業のみが、課題を解決するキービジュアルを生み出しえるのです。

　もちろん、こうしたジャンプが一般のビジネスパーソンにもむずかしいのは事実です。そこで本書は、クリエイティブ・ジャンプの公式を掲載することで、その外注費をカットすることはもちろん、真に効果を持つ顧客とのコミュニケーションを実現しようという狙いを持っています。

　それは、自身の商品に自信を持ち、その商品を待っていてくれる見込み客の課題や悩みを理解し、寄り添うことができるのがあなただからです。

　そのあなたなら、安直な外注に頼るのではなく、いまは目の前にいない誰かの立場になり、その希望を代弁する表現を深く掘り下げることができるはずです。

※左脳は言語や論理的思考を担う脳であり、右脳は直感的に認識して情報を整理する役割を持っています。

忙しすぎるデザイナーには頼れない

　デザイナーはやることが多い、たいへんな仕事です。

　DTP（デスクトップ・パブリッシング）が一般的になる以前は、入稿の版下（印刷用の原稿台紙。いまなら入稿データ）づくりや、写真を切り抜くことはデザイナーの仕事ではありませんでした。つまり、純粋にデザイン、レイアウトに集中できたのです。

　それがいまは、デザイン、レイアウトから、写真加工、入稿データ作成まで、すべてデザイナーの仕事になりました。加えて、パソコンやデザイン系のソフトウエアの操作も覚えなければなりません。

　ウェブ系の人なら、HTMLやワードプレスのスキルも求められるでしょう。もしかしたらSEOの相談にも乗らなければならないこともあります。

　本来、デザイナーの仕事はデザインであり、「デザイン」とはデザイン処理やレイアウト、色指定をすることです。

　そんな多忙な彼らに、過度の負担を押しつけることはできないと思います。

デザイナーにも得意・不得意のスキルがある

　例えば書籍の本文が「2色刷り」であるとき、普通だと［スミ（黒）＋1色］の2色刷りだなと認識されます。ところが、色指定の上手いデザイナーだと、同じ2色なのに3色〜4色刷りにも見えたりします。

　それくらい差がつくものなのです。

私はグラフィックデザイナーやウェブデザイナーと組んで仕事をすることが多くありましたし、一時期は社内に数人のデザイナーを雇用していました。

　「この案件は誰にデザインしてもらうか」と考えるときは、各人が有するスキルのレーダーチャートを頭のなかに描いていました。

　案件ごとに求められるスキルと、各デザイナーの得意・不得意とを照らし合わせて仕事を割り振ったり、発注したりするのです。

　それに加えて、雑誌や書籍のようにページが多い仕事を専門にしているデザイナー、パッケージが得意なデザイナー、ロゴ・マークデザインが上手なデザイナーなどの特徴も考え合わせるのです。

■デザイナーのスキル例

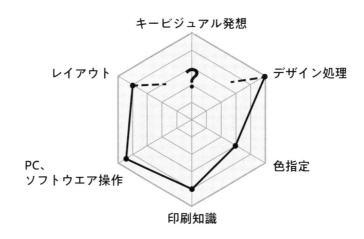

　デザイナーのスキルを思いつくままにレーダーチャートにしてみましたが、まだほかにもあると思います。

　ここで言いたいのは、デザイナーはキービジュアル発想の専門家ではない、ということです。キービジュアルの発想が得意といえるデザ

イナーは非常に少なく、私が過去に仕事をした200人以上のデザイナーの中では2〜3人でした。

けれども、ほかのスキルがハイレベルなら、それでいいのです。こちらがキービジュアルを考えれば、100点の成果物が仕上がるのですから。

※前ページのレーダーチャート図を見て、(「デザイン処理」って何を指すのだろうか)と疑問に思う人もいると思います。これは、写真やイラストを四角くレイアウトするのか、丸く窓のように切りとるのか、文字要素をケイ線で囲むのか、背景を薄い色にして読みやすくするのか、といった処理を指しています。その上で、どんなキービジュアルをメインに据えるべきかが問われるのです。

架空の事例で考えてみましょう。

例えば、新しい仕組みの「鍵(ロックシステム)」が開発され、その広告表現をつくることになったとします。

すると、デザイナーはビジュアル案として、次のようなクリエイティブを提案します。

1. 暗い背景に光って浮かび上がる鍵
2. 鍵を持つ手のクローズアップ
3. 家族が安心して団らんする風景

1や2であれば、少なくとも鍵の広告であることは理解できます。キレイさやシャープさが伝わるビジュアルにもなるでしょう。

しかし、本件の鍵がほかの商品とどう違うのか、この鍵を選ぶ理由はなんなのか、はユーザーに伝わりません。

3は、鍵のおかげで安心して暮らせるというベネフィットを示してはいますが、その根拠や鍵の存在がわかりづらくなってしまいます。

これが販売網の充実した有名ブランドの商品であれば、それほど問題にはならないでしょう。

　一方、営業組織が十分ではない中小メーカーのランディングページに掲載される表現であった場合、真の価値が伝わりづらいために成約件数が伸び悩む結果に終わるでしょう。

　こうしたケースでは、「こういう独自機構なので、こういう被害が防げる」ことを打ち出すキービジュアルが必要です。

　例えば、黒ずくめの侵入犯がピッキングする姿を出してドキッとさせ、新しいシステム内容をコンピュータ画像によって図解し、「60分でも開錠不可能！　窃盗犯も逃げ出す新セキュリティ機構」と捕捉すれば、「それはすごいかも？」、「詳しく機構を知りたい」という反応をとれるのです。

コンセプトもダテじゃない

　同じデザイナーでも、服飾デザイナーや建築デザイナーは自分が取り組みたいテーマにこだわって表現することができます。「コンセプトは南太平洋です」とか、「今年はこの色が来る」と言えばよいのです。

　コンクリートの打ちっぱなし建築にこだわっている建築家には、そのテイストを前提とした依頼が来ます。

　服が売れたり、よい建築に仕上がれば、「なぜそのコンセプトなのか?」は問われたりしません。

　しかし、広告やマーケティングではそうはいかないのです。

　「今回はこのテーマでいきます」といえば、「なぜこのテーマなのか?」、「データの裏づけはあるのか?」、「目標は達成できるのか?」と論理的な根拠を聞かれます。

　広告表現はビジネスそのものであり、チームで進められ、そして結果を求められます。「コンセプトは何?　その理由は?」と問われたときに、きちんと答えられなければならないのです。

　そのため、キービジュアル発想には徹底した商品理解が前提となります。商品内容がとても専門的であったり、門外漢への説明がむずかしいような場合は、結局は発注者が自分自身で考えないといけないことも多いのです。

　一方、キャッチコピーは大量に生成してウェブ上でのABテストで比較していくデータマーケティングの進展で、成功確率が高まっていくと考えられます。

　さらに、デザインパターンやキービジュアル発想にもAIが活用され、効率化していくこともあるかもしれませんが、それはもう少し先のことでしょう。

　それ以前に、マーケティングがデータ前提になっていく過程で、株式投資の世界においてデイトレーダーと呼ばれる人たちが実践するようなテクニカルな手法ばかりが、まかり通るようにもなってきています。その結果として本当のユーザー心理とすれ違っているという現実も見逃してはならないでしょう。

　もちろん、デザイナーやクリエイターもがんばって考えてくれます。それでも、キレイだけれど訴求力が小さかったり、逆にインパクトは

あるけれど方向性や本質的なウリを表現できていないと感じることが非常に多い印象です。

　（ちなみに表現案を発注する側はそのように不満を漏らすものの、クリエイター側も同じで、「何がやりたいのか方針がわからない」、「打ち合わせのたびに言うことが変わる」とグチをこぼしています。）

　以上のことから、デザイナーにはうまく協力してもらえるように発注する、ということが正解だと思います。

　つまり、センスが必要なレイアウトや色指定、デザイン処理、専門知識が前提となるDTPのデジタル入稿などはプロ＝デザイナーに任せる。

　しかし、デザインの元となるキービジュアルのアイデアは発注側が考えて提示する、という具合です。

スタイリッシュなイメージ表現は不要

最近のウェブサイトを見ていると、デザインがとてもよくなってきていると感じます。

それは、同業他社などのウェブサイトを研究して参考にした結果です。過去のすぐれたデザインが容易に検索でき、そのよいところをマネすることができたり、雰囲気のよい高画質な画像が無料でダウンロードできるという環境があるからです。

しかし、すぐれたキービジュアルはできていません。

自社の商品やサービスが独自のものであるなら、キービジュアルそのものも独自の表現になるからです。

つまり、どこかのウェブサイトのマネをしたり、アリ物の素材画像で成立するものではないわけです。

右脳系商品はキレイな表現を優先する

ウェブサイトやフライヤーがキレイで見やすく、メジャーなデザインであることは重要です。

シャネルやジバンシーのようなラグジュアリーブランドのウェブサイトであれば、スタイリッシュであることが強く求められるでしょう。

暗く沈んだ背景に商品をポンっと置くだけだったり、個性的なモデルさんが挑発するような表情で立っているだけで成立します。

国内ブランドであっても化粧品やアパレル、時計のような、いわゆる右脳系商品であれば世界観を表現することが第一となります（右脳

系商品とは、イメージや感性で選ばれて買われる商品です）。

■シャネルホームページ

　けれども、それより重要なのは自社商品が持つ独自のメリットを明解なキービジュアルで訴求、説明して購買行動を起こしてもらうことです。

　右脳系商品とされる化粧品であっても、好調に売れ続けている商品は機能性を訴求するマーケティング戦術をとっているブランドも多いことに気づかされます。

　例えば北の達人コーポレーションは、目の下のクマを目立たなくするクリームや、肌にマイクロニードルを使って美容成分を浸透させる化粧水などをウェブサイトで販売しています。

　その表現は当然、効果を図解や顕微鏡写真などを使用して説明するものであり、化粧品なのにむしろ左脳的な訴求となっています。

■北の快適工房「チークポアパッチ」のウェブページ

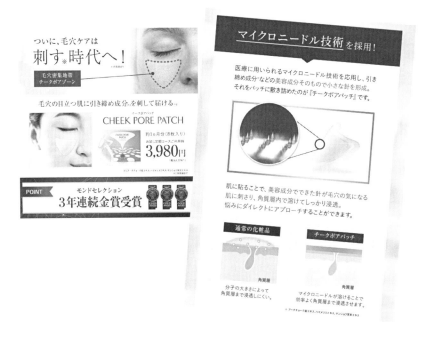

　一般の企業においても、DHCや富士フィルムのような機能性化粧品では同様に効果を訴求する表現がとられています。

　肌をクローズアップしたイラストにより化粧水や乳液がどのようにはたらきかけるかを図解やエビデンスで見せたり、有効成分名を強調するデザインになっているのです。

キレイを求めるとみんな似てくる

　切実なニーズに刺さり、長く安定的に買ってもらえる商品には、説明するべき効果・効能がある、ということでしょうか。

　美しいデザインでまとまっているよりも、少しダサいデザインであっても、役に立つ提案をきちんとわかりやすく伝える表現こそが見込み客に受け入れられることなのではないかと思うのです。

また、美しいデザイン、スタイリッシュな画像を追求していると、どうしても他社の表現と似てきます。

　場合によっては、まったく同じフリー素材の写真が使用されているのを見ることも少なくありません。

　よく目につくのが、高層ビルのオフィスで欧米人のビジネスパーソンたちが握手しているようなシーン。説得力はないのですが、気にしない人も多いので、まったく効果がないとはいいません。

　しかし、顧客はそうしたキレイなだけの表現よりもリアルなシーンを見ることで購買意向を高めていくものです。

　例えばコンサルティング・ファームのウェブサイトなら、カッコいい欧米人モデルたちが握手している様子ではなく、本当に在籍しているコンサルタント本人が顔を出すようにする。

　「私が担当します」と宣言してくれたほうが、依頼者側もよほど信頼できるというものです。

■著者のWebサイトのご挨拶動画

　それが美男美女であれば理想ですが、そうではない私も自分のウェブサイトのトップページに動画を置いて挨拶メッセージを発信しています。

パッとしないオジサンであっても、本人が顔を見せることが何より
のサンプルであり、証明だと思うからです。

　反対に、「どこかで見たことのあるビジュアル」の使い道としては、
お馴染みの商品の広告があります。
　新規性の高い商品には斬新なキービジュアルが求められますが、誰
もが知っている商品であれば、既視感の強いキービジュアルが瞬時に
理解される助けとなることもあるのです。

写真かイラストか表・グラフか

キービジュアルを表現する素材にはいろいろな種類があります。

例えば写真、イラスト、図版・図解、グラフ、文字など——。どれを選択すれば狙った通りの効果が得られるか、あるいは予算に合うか、によって決定します。

また、写真で表現すると決めても、イチから撮影をするのか、有料画像を購入するのか、無料素材集からダウンロードするのか、など多様な選択肢があります。

同じ高級感を表現する場合でも、写真なら背景を暗く落としたりしますし、イラストなら油彩の絵画風タッチにするなどの違いがあります。

イラストも同様で、イラストレーターにオリジナルイラストを描き起こしてもらうのか、イメージに近い無料・有料の素材を使うのか、ヘタでも自分で描いてみるのか、あるいはAIが生成するイラストを使用するという選択肢もあります。

素人が描くイラストだからこそ味が出る

ひと口にイラストといっても、そのテイストはさまざまで、写真と見間違えるほど写実的なものもありますし、マンガのような線画や、パソコンソフトで描くような丸や四角を使い分けて人のカタチをアイコン的に表すようなイラストも最近はよく見ます。

とくに近年は、一見するとヨレヨレのヘタクソにも思える、味のあ

写真／イラスト／図解の表現適性

●写真→リアリティや現実感、まじめな性質の商品、食品のシズ
　ル表現、詳細点を訴求したい、客観的な印象を与えたいとき、よ
　り絞り込んだ具体的なニーズを表現したいとき、など

●イラスト→デフォルメ表現、キャラクター、非現実的な表現、作
　家性のある独自の表現、主観的に感情・雰囲気を表現したいと
　き、（写真で）イメージを限定せず想像してもらいたいとき、余
　分な情報を削ぎ落として象徴的に伝えたいとき、子供向けの商
　品であるとき、実写が不可能なとき、など

●図解・図版→フクザツな機械・システムの説明、関係性（経緯、
　過程）の説明、フレームワーク、取説など

るイラストが人気のようです。

　私はヘタを承知で手描きイラストをプレゼンテーション用に描きま
すし、本書でもアイデアのサムネイルをそのまま掲載してもらってい
ます。

　また、図解・図版としては、大学の授業やセミナーで投影する資料
に必要なアイテムを、パワーポイントなどを使って描くこともよくあ
ります。これは営業資料と同じで、どう表現したら一発でわかっても
らえるかに心を砕いています。

　そのほかにもグラフ、表、タイポグラフィ（文字）などの表現があ
ります。いずれも図解や図版などと同様に、パワーポイント、エクセ
ルなどのオフィス系のソフトウエア、またはCanvaのようなウェブサー
ビスでつくることが可能です。

　伝えたい内容、意味性としてはそれで十分なのですが、作成したグ
ラフや表をよりキレイで強調された表現にするには、デザイナーに依
頼して仕上げてもらえれば理想的です。

また、タイポグラフィというのは「文字表現の技法」というような意味ですが、デザインで使う場合は文字を主役にするビジュアル表現を指すことが多くなります。

　簡単に言えば、文字フォントをメインに大きく入れ、大きなポイント（文字サイズ）でレイアウトするようなケースです。

　キャッチコピーやエビデンスとなる調査結果やデータ数値など（例：「10人に6人がリピーターに！」）がキービジュアルになっているのは、自信の表れといっていいかもしれません。

キービジュアルとコトバは
補完し合う関係

　デザイナーと組んで広告表現をつくるようになった駆け出しのコピーライターだったころ、ディレクターに「キービジュアルの説明みたいなキャッチコピーはいらない」とよく言われました。

　キービジュアルを見ればわかることは、わざわざキャッチコピーに書かなくていいということです。

　すでにキービジュアルが決まっている広告表現にキャッチコピーをつけるような仕事の場合、コピーライターもついキャプションのような1行を考えてしまうことがあります。

　キャプションというのは、写真などに付された説明文のことです。

　つまり、説明のようなキャッチコピーになってしまうと、キービジュアルとキャッチコピーとを足し合わせても「1＋1=1.5」のようにしかなりません。それでは非効率で、もったいないですね。

キービジュアルとキャッチコピーは1＋1=3になる

　フライヤーやPOPのように、限られたスペースの効率を最大化することが必要な場では、キービジュアルとキャッチコピーを足して「1＋1=3以上」を実現しなければならないわけです。

　伝える中身の割合は、キービジュアル7割＋キャッチコピー3割ぐらいだと理想的です。キービジュアルが担当する7割は「絵」なので高速で伝わります。

　7割を把握すると、人は興味が湧いて言葉にも目がいきます。そこで

残りの情報が補完されて理解されるのです。

　反対に、キービジュアルによる「先行理解」がなければ、その広告表現は聞く耳を持たれず、結局、伝わる情報量は大きく落ち込んでしまうかもしれません。

　それほど、キービジュアルの果たす役割は大きいのです。

両者を高め合うことで情報量は高質化する

　例えば、次のようなキービジュアルを見てください。

＜Ａ＞マキちゃんは10歳になりました

＜Ｂ＞マキちゃんが書道六段をとった秘密とは??

　パターン＜Ａ＞では写真のほうが多くの情報を伝えていますが、パターン＜Ｂ＞のほうでは逆転し、テキスト情報に負けています。

　テキスト情報に写真＝ビジュアルが勝つには、次ページのようなキービジュアルに変えればいいわけです。

マキちゃんが書道六段を
とった秘密とは??

　こうすると、まず顔に墨のついた女の子が目につき、手に持っている何かが書道の上達する秘密なのか？　と受け取られ、この商品に興味を持った人なら説明文も読んでみよう、となるかもしれません。

　広告表現などのコミュニケーションにおいては、このように考えていけばキービジュアルとキャッチコピーの情報バランスが成立します。

　一方、商品内容が非常にむずかしい場合など、どうしてもキービジュアルだけでは説明しきれないこともあります。そういうケースでは、適宜、キャッチコピーやリード文、サブキャッチコピーなどに表現の負担を割り振り、合わせ技で理解してもらうようにします。

　このあとに述べる図解などの場合でも、商品のそれぞれの部位が持つ機能性や役立つポイントを引き出し線のワードを使って表記することもあります。そのほかの形式であっても、補完することのできる説明文・ワードはとても重要です。

デザイン・レイアウトは本質ではない

　お客様を動かすのは意味を持ったキービジュアルの訴求力であり、紙面細部のデザイン処理ではありません。

　つまり、微妙な処理やレイアウトは大きな問題ではなく、「何を伝えているか」こそが重要なのです。

　そのため、あなたがデザイナーのように細かいディテールにこだわる必要はありませんし、あなた自身が処理できるようにならなくてもいいのです。

　細部のデザイン処理や色指定であれば、任せられるデザイナーがたくさんいますし、個性的なタッチで目を引くイラストを描いてくれるイラストレーターもいます。

　レイアウトのバランスや表現のディテールは、そうしたクリエイターたちに任せればいいのです。一般職である私たちは、もっとも重要である「伝えるべき中身」を極めることに集中しましょう。

コンセプトの確立と伝えるべきゴールと

　伝えるべき中身の根拠となるのは、先にも述べているコンセプトです。

　コンセプトの背景にはビジネスの課題があります。つまり、抱えている課題を解決するための合言葉がコンセプト文なのです。

　そのコンセプトを、どんな要素をキービジュアルとして伝えているかが広告の骨格になるといっていいでしょう。

そもそも、多くのお客様はそれほどディテールを注視してはいません。

　ですから、何よりコンセプトという核心を確立させることが前提となるわけです。

　そして本書の4章、5章をお読みいただき、ラフな手描きでもかまいませんのでキービジュアルのアイデアを出し、デザイナーなどの外注クリエイターに投げてください。

　もちろん、メジャー（キレイ）なデザインが大切になる分野はありますので、アパレルやバッグ、シューズ、アクセサリー、化粧品などでは、信頼の置けるデザイナーに早い段階から相談するほうがよいでしょう。

　こちらの分野ではデザイナーに依存する範囲は広めかもしれません。

　周辺部のデザイン処理やキャッチコピーほかの書体の選択などはキービジュアルの持つ世界観やレベル感に適合しているかどうかが問われます。また、各ビジュアル要素の視野に入る順番や、サイズの大小も大切です。

　商品のグレードを伝えたり、対象とするターゲットの価値観に合わせて考えられたキービジュアルを活かすイメージとなるようにコントロールすることが必要です。

　また、「本質とは商品が売れたかどうかではないか？」といえば、その通りです。

　その点については、いまは異なるキービジュアルを表示させるABテストをして、手軽に客観的なデータをとることができます。

　少額のリスティング広告を出稿してLPをランダムに表示させれば、大きなコストをかけることなくテストすることができ、明白なエビデンス※がとれる時代なのです。

※クリック率、コンバージョン率（購入率／成約率）など

本書を読んでいるあなたがデザイナーなら、「完全態」になりますし、デザイナー以外の人なら余人をもって代えがたい人材となって、マーケティング・プロモーションを成功に導けるようなスキルを手にできるはずです。

　デザイナーの発注方法については224ページをご参照ください。

第 **3** 章

キービジュアルの
つくり方・考え方

どんな内容を、 誰に向けて
キービジュアルにするのかを考える。

どの課題をキービジュアルで
解決するのか

　キービジュアルによって課題を解決するというなら、その課題とは何か。

　一般的には、商品やサービスが売れないという現実であることが多いと思います。そして、その事実の背後には「なぜ売れないのか」という本質的な課題が横たわっています。

　多くの場合、商品の優位点が伝わっていない、理解されていないということが要因です。

　また、新たに発売される商品の場合は、（これを伝えれば買ってもらえるだろう）という、いわば仮説に基づいてキービジュアルの表現を考えることになります。

　とくに内容の説明がむずかしい商品や、これまでにない市場を創造するような新機軸の商品では、まずはその商品が「ナニモノであるか」を知ってもらわなければなりません。

　つまり、見込み客にとってどの段階の説明が必要かということを考慮する必要があるのです。

市場の認知度に応じて表現内容は変化する

　例えば、新発売のときと、競合が出てきたころ、そして成熟市場となった段階などでは、それぞれ表現するべき内容が異なります。いまが商品市場の発展段階におけるどの時点であるかを、まず考えておく必要があるのです。

カップラーメンを例にとって考えてみましょう。

■取扱説明の段階

　若い世代の人にはピンとこないと思いますが、世の中にはじめてカップラーメンが誕生したとき、当時の人たちはなんの商品だかよくわかりませんでした。

　こうしたタイミングでは、お湯を注いで3分間待つとラーメンが食べられるという「取扱説明書」のような説明をする必要があります。

　味わいのある手描き風イラストなどで、ヤカンからお湯を注ぐシーンを見せるなど、まさに使用シーンを表現しながら説明するのです。

■市場性を拡大する段階

　少し認知が広がったら、今度は市場性を拡大する表現をとります。そのためには、気軽に楽しめそうな生活シーンを提案することが有効です。

　例えば、アウトドアのキャンプなどのシチュエーションで、「料理に時間がかかっている友人を尻目に、さっさとカップ麺を食べはじめている」というような演出はどうでしょう。

　史実でも、浅間山荘事件のときに警察官が寒い屋外でカップラーメンを食べている映像が報道番組で流され、一気に普及しました。

　やがて競合商品が市場に投入されはじめると、差別化をしなければ
ならない段階が来ます。

　そのときには、麺がカップの中で蒸しあげられる独自製法や、旨み
にこだわったスープの高級材料や調味料を訴求することになるかもし
れません。

熱湯で麺を蒸し
あげる独自製法。

　そして、市場がさらに成熟してくると、アニメキャラクターとのコ
ラボ・パッケージを発売して話題づくりをしたり、使用している食材
をフィーチャーして、「謎肉」などとネーミングをして取り上げたりす
ることもあるでしょう。

　以上のような商品の歩みは、イノベーター理論を使って説明するこ
とができます。イノベーター理論とは、新たな商品を取り入れていく
消費者を5タイプに分割して捉えようとする考え方です。

イノベーター理論とは
新商品が市場に浸透する課程を5つのグループ（段階）に分類

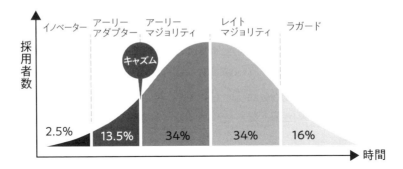

※キャズム＝新商品が世に出た際に、その製品が市場に普及するために超える
　必要のある溝

- イノベーター（革新者）　もっとも早いタイミングで新商品や
  サービスを取り入れるグループ
- アーリーアダプター（初期採用者）　機能性やメリットを考慮し
  て取り入れるグループ
- アーリーマジョリティ（前期追随者）　先進的な2グループの様
  子やクチコミを見て購入するグループ
- レイトマジョリティ（後期追随者）　普及率が50％を超えた時
  点で取り入れるグループ
- ラガード（遅滞者）　新しいものを取り入れたがらない保守的な
  グループ

　自社商品や商品が属する市場は、いまどの段階にあるのか、あるい
は今回の広告表現ではどの段階の見込み客を取り込みたいのかを想定
することは重要です。

最寄り品か買回品かで訴求点は変わる

　商品の性質によっても訴求すべき要素、ポイントは変わってきます。

　商品は、最寄り品と買回品とに分類されます。

　最寄り品とは、日用品や食料品など手近なスーパーマーケットであまり時間をかけずに購入を決める低価格な商品などのことです。トイレットペーパーや冷凍食品ほかが代表的な商品となります。

　これに対して買回品とは、時間をかけて比較をして購入する専門的な商品を指します。家電や洋服などがこれにあたります。

最寄り品　　　　　　　　買回品

　このうち生活消費財の多い最寄り品では、スーパーやコンビニの棚で目についた商品、知っている商品に手を伸ばしやすいことがあります。そのため、認知してもらうための表現が大切になります。

　別の言葉で言えば、インパクトのある表現です。大手企業の広告では商品ネーミングを連呼したり、奇抜な状況を見せたりして印象を残すことを第一に考えているものが多いと思い当たるのではないでしょうか。

　一方、買回品では商品の中身や企業に信頼を置いてもらえるような表現が望ましいといえます。単純に記憶してもらうということではなく、ブランドそのものの価値観を共有してもらえるようなイメージです。

市場のニーズはどの位置にあるのか

　見込み客の意思決定の段階を想定し、まるで旅するように訴求ポイントをたどり、適切なキービジュアルを作成していくことが大切です。

　マーケティングでは、カスタマージャーニーとか、AISAS、DESCOS[※]などと設定しますが、もっと現実的に考えてみましょう。どの段階にある見込み客に行動を起こしてもらいたいか、それが明確であれば、訴えるべき内容も自然に決まってきます。

※AISAS、DESCOS＝購入者の行動プロセスをモデル化したもの。

- AISAS：Attention（注意）→ Interest（関心）→ Search（検索）→ Action（購買）→ Share（情報共有）
- DESCOS：Discontent（不満）→ Encounter（出会い）→ Search（検索）→ Compare（比較）→ Order（購入）→ Share（共有）

■「キービジュアルを伝えるポイント」の旅

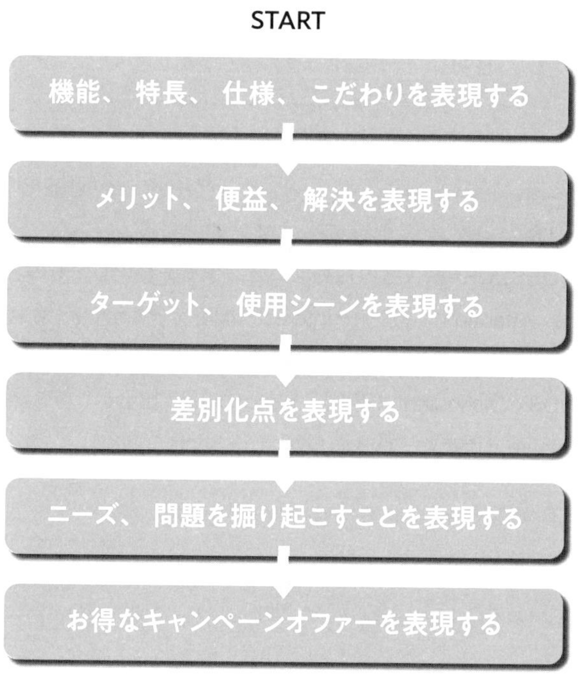
START
機能、特長、仕様、こだわりを表現する
メリット、便益、解決を表現する
ターゲット、使用シーンを表現する
差別化点を表現する
ニーズ、問題を掘り起こすことを表現する
お得なキャンペーンオファーを表現する

なぜ売れないのか——。そう考えたとき、もしかしたら市場性という外部環境が変化し、もう商品が時代にマッチしていないということもありえます。

一般に、課題を分解して原因を知りたいときに活用されるフレームワークの一つがロジックツリーです。

次ページのようなロジックツリーをつくり、原因が競合品の登場なのか、ブランド力が低下しているからなのか、時代と合わなくなっているからなのか、などを検討するのです。

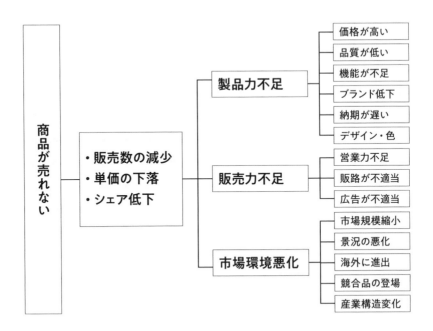

　問題が起きている原因を特定できれば、それを解消するために顧客に何を伝えればいいのかを考えることができます。

　「何が課題なのか」をつきとめて解決する。それを明文化すれば、コンセプトになります。

　例えば、「価格が高い」ことが売れていない原因であると考えられるなら、高品質であることを根拠とともに、もっと強調して伝えられるキービジュアルを展開すればいいのではないか、と考えられます。

　あるいは、「納期が遅い」ことが問題であるなら、ていねいにつくっているので時間がかかる現実を理解してもらえるように、製造現場や職人が登場するキービジュアルを見せることが有効かもしれません。

競合・類似品は何を訴求しているか

　このとき、とても参考になるのが「ライバルは何を訴求しているか」を知ることです。

　これは簡易な市場リサーチともいうべきもので、あなたの商品・サービスの競合や、近いソリューションを提供している商材が展開している表現を確認するのです。

　注意が必要なのは、わかりやすい同業者だけが競合ではないかもしれないという事実です。同業態や類似商品・サービスを提供している競合だけでなく、じつは意外なライバルがいたりします。

　業態や商品単体ではなく、お客様のベネフィットでライバルを判断すると、本質的なライバルが見えてきます。

　お客様は、意識・無意識に関わらず、得られる実質的なメリットや価値という視点から代替商品を比較しているものです。

　その中で、いちばん最初にわかりやすくベネフィットをキービジュアルによって提示できたところが選ばれるのです。

　例えば、マクドナルドの競合はどこか考えてみましょう。

　すぐに思いつくのはモスバーガーやバーガーキング、ドムドムハンバーガーなどでしょう。

　しかし、ランチをとりたいユーザーにとっては、マクドナルドに長い行列ができていれば近所のうどんチェーンに行くかもしれませんし、持ち帰り弁当を買ってすませるかもしれません。ファミレスにも低価格のランチメニューはありますし、コンビニの弁当やおにぎりも十分おいしいでしょう。

　このように考えていくと、マクドナルドのライバル店舗は決して同業に限らず、さまざまな業態が想定されるということになります。

ガムやグミのライバルはスマホ？

　あるいは、昔からある調理油の競合はなんでしょうか。

　他メーカーの天ぷら油、サラダ油だけでしょうか。いまはヘルシーな料理用油として、オリーブオイル以外にも植物由来などさまざまなものが販売されています。

　さらに、高温の蒸気などを使用して油なしでもフライ料理ができる「ノンフライヤー」のような家電が販売されており、調理油の消費量を減らす競合であるといえます。

　また、揚げ物を食べたい場合、近年では家庭で調理するというより、トンカツ店や天丼のお店に行ったり、惣菜やお弁当を買ってしまうことも多くなっています（この場合は家庭用の油が売れない代わりに業務用が売れるということにはなりますが）。

　もっというと、お中元・お歳暮というギフト市場においてはビールやハム、洋菓子なども競合となりえるのです。

　ガムは近年（感染症が流行する前までに）、消費量が半分以下に落ち込んでしまっており、その理由は紙ゴミが出ることや喫煙習慣の減少などがあると考えられていました。

　ところが、主要因はスマホの普及によって「ヒマつぶし」の必要がなくなったことなのです。

　以上のように、意外な競合がある中では、お客様にとってのベネフィットも簡単には決められません。さまざまな可能性をあたった上で、お客様の「聞きたいこと＝ニーズ」がどこにあるのかを探し当てていかなければならないのです。

第3章　キービジュアルのつくり方・考え方

95

本当に伝えるべきウリを見つけて 絵にする

　一般に、商品の宣伝担当者に「この商品の何を伝えたいですか」と聞くと、「特長は……です」と回答が返ってくることが多くあります。

　それをそのまま信じるなら、キービジュアルで「特長」を表現することになります。

　特長とは、商品本体がコンパクトとか、カラーバリエーションが6色そろっている、などです。特長以外で挙げられるものとしては、「機能、性能、仕様、こだわり、素材」などもあります。

　しかし、キービジュアルで表現するべきは特長や機能、仕様などではありません。

　キービジュアルで表現するべきなのは、「特長、機能、……」によってもたらされる、ユーザーにとっての「ベネフィット（便益）、メリット、課題解決、ソリューション、おいしさ」なのです。

お客様にとってのベネフィットを表現する

　例えば、あなたの会社でつくっている水質分析器が新たにコンパクトになったとします。「コンパクトな本体」というのは、まさに特長ですね。

　これを、サイズ比較などのキービジュアルで表現したとします。

　すると、それを見たユーザーはこう思います（別に小さくならなくてもいいのに。置き場所には困っていないのだから。いいや、コンパクトになって価格が高くなったり、機能が省略されるようなら、いらないんだよ）。

　ところが、ボディがコンパクトになったのには理由があります。

　コンパクトになったことで、持ち運びができるようになった。水質を分析したい現地へと持ち込んで、スピーディかつ正確に分析することが可能になった、などというものです。

　いわば連想ゲームのようなものですが、これが「特長、機能、使用、性能…」によってもたらされる、ユーザーにとっての本質的なベネフィットなのです。

　このベネフィットこそが本商品のウリであり、このことを一瞬で理解してもらえるキービジュアルをつくるべきなのです。

　こう書くと簡単に聞こえるのですが、商品の本当のウリを特定することは容易ではありません。それも、商品やサービスの近くにいればいるほど、わからなかったりします。

　こちらが言いたいことと、お客様が聞きたいことはズレている——。

　「お客様に聞けばいい」とする意見もありますが、お客様自身もなんとなく商品を選んでおり、真の理由を自覚していないまま購入をしているということも少なくありません。

スターバックスのウリはコーヒーじゃない

　例えば、きっとあなたも来店したことのあるスターバックスコーヒーのウリはなんでしょう。

　飲食チェーンであれば、メニューのおいしさ、すなわちコーヒーの味が1番目に来るところですが、そうではありません。

　スターバックスでは、同店のウリを「サードプレイス」と定義しています。サードプレイス＝第3の場所とは、会社や学校ではなく、しかし自宅とも異なる、くつろげる場所を提供することがウリ、という宣伝なのです。

　そう言われると、あのフレンドリーな接客や座り心地のよいソファにも納得がいきますね。

あるいは、「1,000円カット」と呼ばれるカテゴリーの理容店チェーンのウリはなんでしょうか。

呼び名に「1,000円」と入っていますから、低価格がウリだと受け止めるのが自然かもしれません。

しかし、シャンプーもパーマもヘアカラーもしない1,000円カット業態は設備投資も少なく、一般の理容店と比較しても利益率の高いことが知られています。

つまり、まったく安売りはしていないのです。1時間あたりの売り上げで見ても、一般の理容店は4〜5,000円、1,000円カット店は10分1,000円なので5〜6,000円と、同じくらいです。

では、何が1,000円カットのウリなのかというと、「時短」であることです。店頭には混雑具合を知らせるライトが設置されていることからもわかるように、髪だけでなく、待ち時間も滞店時間もカットすることができます。

いまや「時間」よりも価値のある売り物はなかなかありません。忙しいビジネスパーソンなどにとっては、とてもありがたいサービス形態なのです。

ウリを特定すればキービジュアルも決まる

このように本質的なウリを特定することができれば、キービジュアル表現をつくる上での目的も明確になります。

イラストや写真により、忙しそうなビジネスパーソンが腕時計を見ながら店舗に吸い込まれていくようなシーンなどにしたら、伝わりやすくなるでしょう。

単純にモノやサービスを売っているのではなく、もっと価値を感じるウリの設定とキービジュアル化ができれば、それは差別化となりえます。

例えば、化粧品メーカーではなく「美と健康をつくる会社」として。補聴器メーカーではなく「大切な人とのコミュニケーションサポート業」として。

あるいは、印刷業ではなく「ビジネスの販路開拓請負業」として、花屋さんではなく「うるおいのある暮らしづくり産業」として。

高反発マットレスのブランドとして知られるエアウィーブは高額でも売れている人気商品ですが、同社は単なる寝具メーカーではなく「安眠サポート業」であり、アスリートにとってはパフォーマンスを高めるツールとして認識してもらう戦略をとっています。

あなたの扱っている商品・サービスでも、そうした本質的なウリを導き出し、キービジュアルにすることができれば強いはずです。

とくに意識をしてほしいのは、顧客が優先的におカネを払いたくなる次の9つニーズです。

●家族の健康・安全　　●子供の教育

●ビジネス関連(売り上げ増など)　　●美容・おしゃれ

●趣味・萌え　　●時短・スピード

●オーダーメード・1点もの　　●不安・損失回避

●コンプレックス解消

あなたの商品・サービスにも本質的なウリが必ずある

　しかし、「ウチの商品ではムリではないか」と考える人も多いでしょう。実際は、どうなのでしょうか。

　例題として考えていただきたいのですが、屋外の現場で使用されているベルトコンベアのような商品でも、本質的なウリを発見することができるでしょうか。

　現場になければ困ることは事実ですが、「本質的」とまでいえるウリがあるものかどうか。少し考えてみてください。

　ベルトコンベアが使われている現場とはどのようなものでしょうか。

　ベルトコンベアを稼働させていると、運んでいる砕石や土砂などがバラバラと脇にこぼれたり、粘度のある搬送物はこびりついて帰りのベルトからボタボタと落ちたりもします。

　それは「落鉱」と呼ばれ、誰かが掃除しなければなりません。掃除中はベルトコンベアを止めたほうが安全なのですが、実際は効率が下がるので稼働したままにしています。

　そうすると、どうしても巻き込まれ事故が数多く発生します。そして、不幸なことに年に数件は死亡事故に至るケースも起こります。

　私の支援先であるベルトコンベアメーカーでは、この落鉱を防止するオプション装置を販売しています。

　これを使用することで、巻き込まれ事故や死亡事故を防止でき、労災問題が起きません。危険な職場だからと人が辞めたり、新人の採用ができないという心配もしなくてよいのです。

　職場のリーダーや経営者にとってはまさに本質的な悩みの解決になる商材であり、この点を説明するとすぐに導入が決まります。

　一見、地味な商材であっても、人を動かすウリを見つけることはできるのです。

　あなたのビジネスにおいても、ぜひ顧客の即買いを誘うウリを特定し、キービジュアルにしてください。

インサイト（ホンネ）を探って 絵にする

インサイトとは、お客様の「ホンネ」のことです。

マーケティング調査の現場に立ち会って回答に耳を傾けていると、（この人は本当のことを言っていない）と気づいてしまうことがあります。

「この程度の価格であれば買います」という人。

「環境にいいものなので、ぜひ買いたいです」という人。

じつは最近、私自身も経験しました。

B8ta（ベータ）※の店内で、商品の機能や価格についてスタッフの人と話をしていたとき、「この価格だといかがですか?」と問われ、つい「その価格でいいのではないですか」と答えてしまいました、（高すぎる！）と思いながら……。

※最新の家電や雑貨、IoT製品を並べ、販売するよりもユーザーの反応データを収集するための店舗。

うわべのメリットがお客様を遠ざけていた

商品の魅力度やメリットを問われたときに、誰でもついタテマエを言ってしまうことってありますよね。

そのタテマエを信じてキービジュアルを考えてしまうと、実際には刺さらない表現になってしまうことがあるのです。

例えば、簡単手抜き料理の材料では、そのまま「簡単」「手間なし」を訴求すればいいでしょうか。

共働きで忙しいとはいえ、家族のための料理に手抜きをすることに罪悪感を抱いてしまう心理は確実にあるものです。

　そうすると、もしかしたら本人も気がつかないうちにその商品をさける、ということにもなります。

　「手抜き」という意味では似た商材である食器洗い機で実際にあった事例です。

　パナソニックの食器洗い機は、当初は「時短できる」を第一に訴求していました。ところが、お母さんからの反応がよくありませんでした。

　そこで、インサイトを意識して表現を練り直し、今度は「できた時間でお子様と過ごしてあげてください」へと変更しました。

　すると、反応がよくなり、食器洗い機も売れるようになったというのです。

　この事例からも、「手抜き」をすることに対する罪悪感のような感情が、心のどこかに存在したのだという解釈ができるでしょう。

インサイトは時代によって変化する

　簡単にパンケーキが焼ける「ホットケーキミックス」というロングセラー商品がありますが、これもいわば手抜き商品です。

　この商品のウリがどのように変化してきたか、見てみましょう。

　1957年に発売されたときのウリは、「あのホットケーキが家で焼ける」でした。おしゃれなお店でしか食べられなかった憧れのホットケーキが家でつくれるのですから、これでいいですね。

　時代が降って1980年代〜90年代になりますと、完全に手抜き商品の訴求になります。「簡単にできます」という表現です。

　これが、21世紀になり、とくに感染症の時代にはどういう表現になったでしょうか……。

　「家族でパンケーキを焼く時間を楽しめます」と変化したのです。

もう一つ、別の事例です。私が副査を務めたある大学院生の修士論文は、体型を隠す水着の通販ビジネスに関する研究でした。

このとき、留意すべきと指導した点の一つに「いかに効果的に体型をごまかせるか」をメインに表現するべきではない、ということがありました。

ターゲットは、体の線に自信が持てなくなっている中高年の女性です（院生も女性）。体型をカバーできるならありがたいはずなのですが、それをメインで訴求されるとシラけてしまいます。

そのため、メインの表現は海外のビーチやホテルのプールで楽しいときを過ごすときに着たい水着である、あなたにはその価値がある、というものであるべきなのです。

そして本来のポイントは、「もちろん体型も自然に隠れるので安心♪」というサブ的な扱いとするほうが受け入れやすい。

そう表現することで、「さえない自分」ではなく「華やかなシーン」のために購入しよう、という内心的説得がユーザーの中でおこなわれるわけです。

女性のインサイトは手ごわい

あるタバコメーカーが女性に向けて嗜好調査をしたときも、同様の考察が必要になったといいます。

被験者の女性たちへの質問は、「どんな基準でタバコのブランドを選んでいますか?」というものでした。

回答は、低タールであること、メントールなど変わった味であること、かわいいパッケージであること、などが上位を占めました。

ところが、あれこれ深く質問をしていくと、それらがタテマエに過ぎないことが明らかになってくるのです。

結局、ホンネの回答としては、ガツンと重いほうがいい、ストレー

トな味がいい、持つ手がキレイに見えるといい、という希望があった
のです。

　つまり、低タールではないほうがいい、タバコらしい味がいい、と
いうわけなのです。

　ただ、タバコを持ったときに手や指がキレイに見えることを実現す
るには、細身のタバコであるほうがいいでしょう。

　そうなるとキービジュアルは、バーなどで大人の女性が細いタバコ
を物憂げにくゆらせている、カウンターにはパッケージが置かれてい
る…という表現が考えられますね。

　一方、ジョンソン＆ジョンソンの大ヒット商品であるコンタクトレン
ズ「アキュビュー　ディファイン」は、黒目が一回り大きくなる商
品です。

　黒目がちの瞳になるのでかわいらしい表情となり、異性にモテる。こ
れは強力なウリなのではないでしょうか。

ところが、同社が使用していたキャッチコピーは「瞳、くっきり」という控えめなものでした。

　つまり、「瞳が大きくなって、モテ顔に！」と身もフタもなく言ってしまっては買いづらくなるからでしょう。そして、わかりやすいキャッチコピーによって作戦を対象者（異性）に知られては意味がないから、ということもあるかもしれません。

ターゲットをどう決めるか

誰をお客様とするかは、なんとなく決めているということも多いのではないでしょうか。以前からウチのお客様はこの業界の人、こういうプロフィールの人だから、というように。

しかし、「最近、問い合わせが多いのはどうも違う属性のお客様のようだ」と気づくこともあります。展示会に出展したら、まったく意図しない業界の来場者から「こういう用途にも使えますよね」と逆提案を受け、別分野の潜在ニーズに気がついた、という話もよくあるのです。

販路開拓の相談を受けるとき、ターゲットはどのようなお客様ですかと質問すると、決まって返ってくるのは「富裕層を狙っています」とか「ターゲットは女性です」、あるいは「高齢者に売っていきたいと思っています」のような回答です。

しかし、ライフスタイルが多様化し、さまざまな価値観が生まれている現代に、そんなざっくりとした属性の切り分けでターゲットを捕捉することができるでしょうか。

ターゲット選定の正解とは？

高額所得者だからといって必ずプレジャーボートに興味があるわけではないでしょうし、逆に高額なプレジャーボートを所有しているけれど住まいは家賃3万円のアパート、という人もいます。

あるいは、女性でも数社の社長を務める実業家で化粧っ気なしという人もいれば、60歳を過ぎてからおっとりと婚活をはじめる初婚の人

だっています。

これらの例は極端としても、年齢や性別、所得額、居住地域などで絞り込んでも的外れになることは少なくありません。

では、どのようにターゲット属性を考えたらよいのでしょうか。

これは、その人が抱えている悩みや課題、置かれている状況で特定することが正解なのです。

例えば、受験生を持つご両親、工場の電気代高騰に悩む経営者、空室率に悩むマンションオーナー。悩みや課題が明確になれば、解決策も提示しやすいはずです。

・乗らないバイクをお持ちの方→高く買い取ります
・仕事ではクルマを使わないあなた→有利な自動車保険があります

というように明解にターゲットをつかむことができます。ここまで具体的でなくても、ビジネスとは「不」を抱える人に解決策を提示できれば成立するものです。

ウリが決まればターゲットも決まる

本書のここまでの説明で選ばれる理由となるウリが決まれば、誰がお客様になるかも決まるはずです。

自社商品のウリの価値を、もっとも歓迎してくれる、高く評価してくれるのは、どんな悩みを抱えている人なのか。

例えばサビにくい鋼材のニーズなら、一般用途よりも建材のほうが大きく、さらに建材よりも海浜地区で塩害に悩まされている工場・コンビナートの経営者などのほうが切実です。

人材採用に悩む中小製造業に向けて"就職したくなる工場"を建設して喜ばれているのはタカヤという建築会社です。

ペットの爬虫類のケージをほどよく温めたい飼い主のニーズを知り、

温度制御の技術を転用したプレートを製造・販売して静かなヒット商品とすることに成功した町工場もあります。

　日本料理を風雅に装飾するアクセントを求めている料亭などの飲食店に向け、山に自生する木々の葉っぱを採取・販売して高齢者がイキイキと稼いでいる地方ビジネスもあります。

　そうした視点からターゲットを見つけていってみてください。

　そして、ターゲットによって刺さるキービジュアル、刺さらないキービジュアルがあります。その判断には、マーケティングで使われるSTP分析というフレームワークがヒントになります。

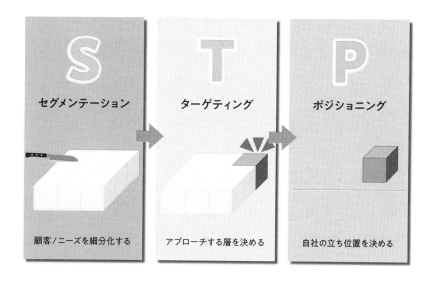

　Sとは、「セグメンテーション」のことで、これは市場・ターゲットを細かく分割してみましょうということです。分割の切り口には、世代や教育、住んでいる地域などの項目があります。

　つまり、世代によって好む表現、理解できるキービジュアルが異なるというわけです。住んでいる地域によっては特有の文化や習慣、方言もあるでしょう。

　また、商品知識やどれほどのヘビーユーザーなのかなど、顧客の成

熟度なども意識して、細分化をするのです。

自社商品の位置づけを明らかにする

　Ｔとは「ターゲティング」のことで、上記で切り分けた顧客層のどこを狙うべきかを決定する段階です。

　自社商品がもたらすメリットとマッチするのはどの顧客層かを検討するのです。

　ここでは顧客の優先順位を決めたり、十分な売り上げボリュームを見込める集団か、買い続けてくれる性質があるのか、ライバル企業も狙っていないか、などを検討します。

　ターゲットとして選定したら、そのリストを容易に入手できるのかどうかなども考慮します。

　Ｐとは「ポジショニング」のことで、決めたターゲットの購買決定要素の中で、よい位置を占められるかを考察するものです。

　お客様が商品購入を決めるときに重要視する項目2種類（例えば、価格、デザインのよさ、など）を選んでマップにし、自社商品と競合商品を置いていくことで自社の立ち位置が有利かどうかを確認します。

■ポジショニング・マップの例

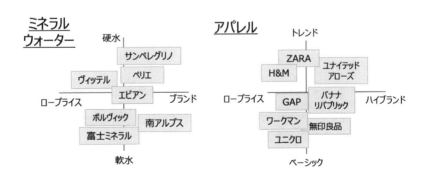

キャッチコピーはこう書く
その1

キービジュアルが明解で伝達力が強い上に、キャッチコピーの訴求力も高いとなれば広告表現全体のパワーは爆上がりします。

しかし、見込み客に「買いたい！」という気持ちを起こさせることができない抽象的、イメージ的なキャッチコピーは少なくありません。そのようなメッセージ表現となってしまうのは、有名企業の広告作品をマネすることが原因です。

有名企業が扱っている商品には住宅やクルマ、食品など国民全員（または全企業）がお客様となるようなものが多く、あまりターゲットを絞り込まずにメッセージをつくることがほとんどです。

しかも全国の支店に強力な営業チームがおり、売場もきちんと押さえています。つまり広告の役割は、ブランド名を連呼して覚えてもらうだけでいいわけです。

3つの要素から1文を組み立てる

これに対して中小企業の商品は一部の人を対象とするニッチな商品であったり、説明をしないとよさが伝わらない新規性の高い商品であったりします。

そうなると、具体的な表現できちんと理解をしてもらうことが必要になるのです。ときには事実だけを伝えるような、味気ない直球コピーでも十分というケースもあります。

とはいえ、キャッチコピーに何を書けばいいのかがわからない、と

いう人も多いと思います。そのようなときは、次の3つの要素を入れ込んで文章にすれば、とにかくそれらしくキャッチコピーが完成するものです。

ですので、まずはここからはじめてみてください。

キャッチコピーに入れる3つの要素
＜1＞お客様
＜2＞悩み・課題
＜3＞解決

＜1＞お客様とは想定ターゲットです。想定ターゲットが明記されていないとキャッチコピーを見た人が、（自分はこの商品のターゲットなのか、それとも無関係なのか）と判断に困ることがあります。キャッチコピーが「あなたがお客様です」と明言していれば（どんな風に役に立つのだろう？）と一歩、踏み出してくれるのです。

そのため、次はどんな風に役に立つかを明らかにしなくてはいけません。＜2＞悩み・課題で、「こうしたお悩み・課題に困っていませんか？」と提示することで、（あ、それはウチでも困っている）と認識され、ますますヒザを乗り出してくれるのです。

そして＜3＞解決では、「その課題、このように解決します！」と宣言すると、その解決に魅力を感じた見込み客は（もっと詳しく知りたいぞ）となり、ウェブから問い合わせをしてくれたり、展示会ならブースに立ち寄ってくれたりするのです。

以上の3点を入れて1文にするのは、基本的な組み立てです。
＜1＞お客様のところで、「○○分野の人に」とする代わりに、「○○○でお困りの工場長」とすれば、＜2＞悩み・課題の要素も入ったことになりますね。
このように、繰り入れられる部分はなるべく入れ込み、短くて具体

的な文章にしていくと、とにかく訴求力のあるキャッチコピーができるというわけです。

しかし、こうした即物的で説明的なキャッチコピーでは物足りないと考える人が多いのか、有名企業のような凝った表現、文学的なキャッチコピーも少なくありません。

しかし、先に書いたようにタイパが問われる現代に、広告文をしみじみと味わって読んでくれるお客様はいません。

がんばって書いたあげく、効果も望めないのでは残念としかいいようがありません。あなたの会社もそのようなことになっていないかを次のようなポイントでチェックしてみてください。

よくある残念なキャッチコピー例

①抽象的　〜イメージ的ではっきりしない！

先に書いたように、イメージ的でとてもいい雰囲気のキャッチコピーだけれども、どんな商品・会社かがわからないというパターンです。なんでもお任せください、と言われるとスルーするしかありません。

BAD　　負けず嫌いの会社です。
　　　　お困りごとはなんでもお任せください！

また、よく大手企業が地球環境や脱炭素、SDGsに関連するメッセージを発信していますが、それは大手企業だからこそ。零細企業が大上段に振りかぶったようなメッセージを発信しても、あまりピンと来ないでしょう。

BAD　　美しい地球を将来世代に残したい。
　　　　百年後の空気が心配です。

とくにアパレルや食品では明確に言えることが少ないとして、イメー

ジ的なキャッチコピーになりがちです。

　しかし、そのような抽象的な表現ばかりの競合の中で、数値など具体的なエビデンスを打ち出すことができれば目立ちます。感覚で選ばれる服飾や食品であっても、数値で訴求できる項目はあるものです。

GOOD　　アルザス産のカシミヤ100%使用。
　　　　　糖度11度の極甘を体験してください。
　　　　　レタス3個分の食物繊維がとれます。

※食品などで使える数値の例：有効成分の量（食物繊維100mg、タウリン1,000mg、レモン3個分のビタミンなど）、ランクやグレード（A5ランク和牛）、保存日数など（60日間常温保存可能、賞味期限3年だから保存食糧にも最適）、販売実績（5分に1個売れています、累計出荷本数）

②専門的　～一部の人しか理解できない！

　それぞれの分野には専門用語や業界用語があります。自社の技術力の高さをアピールするためか、そうした難解な用語を使ったキャッチコピーもよく目にします。

　勉強している担当者は理解できるのかもしれませんが、その人が会社に持ち帰って決裁権を持つ役員に見せたら、「よくわからないから」と差し戻されてしまうかもしれません。

　専門用語よりも、むしろユーザーが使う言葉に寄せるほうが有効であるといえます。プロは使わないけれど、ユーザーが困ったときに最初に頭に思い浮かべるようなキーワードを使ってキャッチコピーを書く。当然、ユーザーはピンと来ます。

　そうしたキーワードは、自社のウェブサイトが置かれたサーバーのアクセス解析機能の「どんなキーワードで検索して訪問したか」がわかるリストから発見することもできます。

　またラッコキーワードでは、一緒に検索されるキーワードのリストを一覧で調べることができます。

③同質的　〜差別化できていない！

　ライバル製品と比較したときの差別化ポイントを伝えることも、キャッチコピーの重要な役割の一つです。

　競合も含めたカテゴリー全体の訴求をするだけでは、自社商品を選んでもらうことにつながらないかもしれません。

　例えば、「デジタル補聴器に変えませんか?」と言われても、どのメーカーの商品を買うかは別の話です。

　近年、よく語られるDXも、そのキーワードを出しただけでは差別化ができません。

　BAD　　DX導入で経営革新を。

　「○○のような視点でDXを構築、運営して企業のこうした課題を解決します」というウチだけの提案やソリューションが見えないと、選んでもらうためのキャッチコピーとしての役割は果たせません。

④特長的　〜メリットが伝わらない！

　先に書いたように、「特長、機能、仕様、素材、こだわり」などは、キャッチコピーに書く要素ではない、ということです。

　「特長...」ではなく、それらによってもたらされるお客様にとってのメリットはなんなのか。それをキャッチコピーに書くようにしましょう。

　商品への想いが強いと、苦労した点や時間をかけて選定した素材のことをいいたくなるものです。しかし、あなたがどれほどこだわっていても、それがお客様にとってのメリットにならなければ魅力とはなりえません。

　特長とは、例えば英会話スクールだと料金システムが「回数券制です。」だけではなく、具体的なメリットに落とし込んで伝えることが重

要だといえます。

> **GOOD**　回数券制なので、少額からでも試せます。
> 　　　　　回数券はチェーンのどの教室でも使えます。

そして、キャッチコピーは「定義」となっていればよいのですが、「評論」となっていては話が前に進みません。

「評論」とは、対象物の一面だけを評価するものです。

例えば、あなたがお子さんに「命ってなに?」と質問されたとします。これに対して、「命はね、とても大切なものなんだよ」と回答するのが評論です。

お子さんは命の定義を聞きたかったので、もどかしい思いをしているかもしれません。

そして、「定義」とは商品がどう役に立つかを明文化したものです。

実際に、差別化のキャッチコピーだけを見せられると「すごいのはわかったけれど、何に使うものなの?」となったりします。

そこで、キャッチコピーは「定義」と「差別化」の2種類を書きましょうと申し上げています。定義の1行は、商品ネーミングの近くに置いて、「商品スローガン」として活用してもよいのです。

⑤迷文的　～長くて意味が伝わらない!

これは、文法的に問題があったり、長すぎて意味が伝わりづらかったりするという、表現上のエラーです。なかには、キャッチコピーなのに堂々と誤植になっていることもあります。

キャッチコピーは「読んでいただく」ものですから、短いに越したことはありません。世のコピーライターも、どう表現したら短くできるか工夫をしているものです。

書いたキャッチコピーが長い場合は、なくてもいい言葉を削ったり、2語で書かれている言葉を1語に集約できないか、末尾は「です・ます」をとって言い切りにしよう、などの推敲を行います。

文章は長くなると意味が伝わりづらくなりますし、どちらの意味にもとれるような曖昧さを含むようになります。

　とくに、主語＋述語のなかに、さらに主語＋述語が挿入されている文章を入れ子構造と呼び、さけるべきとされています。

　次の例文は主語ばかりが続くため、意味を捉えづらくなっています。

　BAD　　**あなたは私が売り上げが増えるアイデアが豊富にあることがわかって驚くでしょう。**

　あまり長くなるようでしたら、2文に分けたほうがピリッと端的になることもあります。メインキャッチコピーとサブキャッチコピー、あるいはリード文にして"分業"にすればよいのです。

⑥会話的　～印象的な強い言葉がない！

　話題になるキャッチコピーに見られる特徴の一つは、口に出してみたくなるような強いキーワードが使われていること。

　記憶や印象に残るキーワードがあれば、とにかくキャッチコピーとして成立します。ビジネスの売り上げを決めるのが、そのキーワードのパワーであるといってもよいでしょう。

キャッチコピーはこう書く その2

　前項で「印象的な強い言葉がない」キャッチコピーの効果は限定的です、と書きました。では、強い言葉にはどのような類型があるのか。8つのパターンをご紹介します。

強い言葉の8パターン

①数字・データ

　先に、抽象的なキャッチコピーの項目でも書きましたが、根拠のある具体的な数字、データを出すことで、メリットを明解に受け止めてもらうことができます。

　提示した数字は、少なくとも商品のパフォーマンスを担保するものになるのです。

　（例）　ウイルスを99.9%不活化。
　　　　　10歳若く見られるメガネ。

　「10歳若く」といわれても、そのまま信じることはできません。しかし、5歳、いや3歳でも若く見られるならうれしい。それくらいはいけるかな？　と思ってもらえるでしょう。

②擬音語・擬態語

　「サクサク」「もちもち」などのような言葉は、リアルさや臨場感をもたらしてくれます。

　日本人は食感を意識するところがありますし、また擬音語・擬態語

はシズル感にも通じるせいか、とくに食品で使うと反応がよいようです。

（例）　しあわせ、すくすく。
　　　　ピッカピカの1年生。

　擬音語・擬態語はオノマトペとも呼ばれ、ほかにも「ぷるぷる」、「シャキシャキ」、「さらさら」などいろいろあります。場合によっては、オリジナルな擬音語・擬態語をつくってしまうのもいいかもしれません。

③感情ワード

　かつて、ハリウッド映画のプロモーションで「全米が泣いた」という惹句がよく使われていました。あの、アメリカ大陸が涙にくれる様子を想像して、つい（それはすごい）と思ってしまったものです。
　このような、感情に訴えかける言葉は、あまりビジネスの中では出てきませんから、BtoBなどではとくに効果的かもしれません。

（例）　これで売れなきゃ、あきらめてください。
　　　　東横デパート、閉めるってよ。

　アーティストで、感情をかき立てるワード選定が秀逸なのが、椎名林檎さんです。「百鬼夜行」、「座禅エクスタシー」、「三毒史」など、一度聞いたら忘れない、刺激的な言語センスで魅了してくれます。

④未知の言葉

　キャッチコピーに未知の言葉を使用するのは、基本的にはよいことではありません。「わからない」と敬遠されてしまえば、見込み客を逃してしまいます。
　とはいえ、もともとは業界用語であったり、企業があえて開発した造語など、はじめて聞く言葉が好奇心や興味を引くことがあるのも事

実です。

　スーパーマーケットの牛肉売場で見かける「A5ランク」も、食肉業者の内部的なランクづけを農林水産省が認定したもの。それを、何も知らない私たちがありがたく購入基準にしているのです。

（例）　イカリジン配合。
　　　　ミラバケッソ。

　未知の言葉を使う狙いとして、メリットを述べるだけでは横並びになってしまうようなとき、あえて未知の言葉を使って「なんだろう、そこが違う点?」と引っかかってもらう効果があります。

（例）　立方骨で足アーチを守る特許インソール。

⑤悩み・課題ワード

　悩みやコンプレックス、課題に関わる言葉は、その解決のために検索されるズバリのワードです。それを把握してキャッチコピーや説明文に入れればSEO対策になりますし、フライヤーを手にしたり、サイトを訪問した見込み客は熱心に読んでくれるでしょう。

　あなたの商品が解決する課題に悩む人が、いちばん最初に頭に思い浮かべて注目、検索するキーワードを意識してキャッチコピーを書きましょう。

（例）　腰痛　受験　集客　ダイエット　コスト削減　不眠症
　　　　肌荒れ　保湿　薄毛　婚活　データ復旧　資金調達

⑥方言

　方言を使うと、とにかく親しみやすさや温かみが伝わります。いまは地方創生やふるさと納税の影響もあり、地方が注目されている時代

なので、ローカル色を出した表現はインパクトを持ちます。

（例）　ええじゃん広島
　　　　てげ楽しー！　てげてげ日南！
　　　　（「すごく楽しい、ほどほどに日南」の意味）

　方言は、ご当地の人でなくても意味がわかるものと、ご当地の人し
かわからないものとがあります。私が高知で見た次の1行は、まさにわ
からないタイプでした。

（例）　たっすいがは、いかん！

　興味が湧いてきて思わず県庁の人に聞きましたが、このような方言
キャッチコピーには二つの効用があります。その一つは、外部の人も
興味を持って知りたくなるということです。
　そして、もう一つは地元の人しかわからない言葉であるがゆえに「楽
屋落ち」のようになり、より強く地元で共感を呼び、愛されるという
ことなのです。

⑦流行語
　毎年、年末になると新語・流行語大賞が発表されます。こうしたキー
ワードをなるべく早く、キャッチコピーに使うと、注目される効果が
あります。
　とくにターゲット・グループが重なっているような場合（例・商品
がスポーツ関連のグッズ→プロ野球、サッカー関連の流行語）は反応
がよくなります。

直近の新語・流行語が何かを専用サイト（「現代用語の基礎知識」選ユーキャン　新語・流行語大賞　（jiyu.co.jp））で確認して、キャッチコピーに取り入れてみてください。

■「現代用語の基礎知識」選
　ユーキャン　新語・流行語大賞ホームページ

ダジャレ・キャッチコピーは有効か

　お笑い番組では、漫才などでダジャレを駆使して笑いをとっているシーンをよく見ます。落語のオチや「なぞかけ」などもその多くはダジャレですね。

　日本人はダジャレが好きなのだと思いますし、その傾向は年齢を重ねるごとに高まっていくような気がします。いわゆる、おやじギャグです。

　広告表現でも、ダジャレを使ったキャッチコピーをよく目にしますが、単なるダジャレや言葉遊びだけでは「うまいね」で終わってしまいます。「なぞかけ」ならそれでいいのですが、広告ではそうはいきません。

　キャッチコピーでは、よいダジャレとわるいダジャレがあります。商品のメリットを強く印象づけるダジャレであれば、有効なのです。

私も過去にダジャレ・キャッチコピーを書いています。「ジャムで味わう果実力。」や「秋たけなわ、味たわわ。」のように。

　また、以前に肥料のマーケティングを担当していましたが、そのときには園芸ファンや農家向けの雑誌に掲載する広告表現を考えることが多くありました。

　「喜んだのは、大地でした。」、「よい肥料は、愛です。」のような正統派（?）のキャッチコピーもたくさん書きましたが、配合成分の違いで劇的に差がつくわけではない事情もあり、ブランドを印象づける上でダジャレ表現案もずいぶん考えました。次は、そのキャッチコピーとキービジュアルの一例です。

（例）
大地に愛と有機を。

豊作の法則。

大地が有機で満たされた。

〇〇の有機肥料だと根ごこちがいい。

根にモテる。

根っこに小判（猫に小判）。

地から。　──大地に力こぶ。

肥料をかけ算。

根性で、実力がつく。

実力テスト。

実成りを整えよう。

地力から実力。

 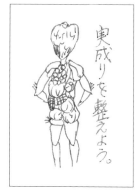

ボディコピーをサクッと書く方法

　キャッチコピーは大切ですが、説明文であるボディコピーも購買意欲の高いお客様にとっては重要です。長いボディコピーでも読んでもらえるような、読みやすい文章を書きたいところです。

　ただ、1行で表現されるキャッチコピーと異なり、ボティコピーは100字〜300字程度の長さになることも多いため、苦手意識を持つ人は少なくありません。
　そこで、時間のないときには私も実践しているボティコピーの書き方をご紹介します。

　最初から文章のカタチで書いていこうとすると、なかなかペン（キーボード）も進みません。まず、伝えたい要素を箇条書きでも単語でもよいので、書き出していきます。
　すべて書き出せたら、次はそれをどのような順番で文章にしたらわかりやすくなるか、インパクトが出るかを考えます。順番が決まったら、接続詞や助詞（てにをは）、つなぎとなる文を足して、読みやすい文章になるように仕上げます。

ボディコピーのパターンと実例

広告の文章は、文学のように流麗な筆致である必要はありません。一文、一文を短くして、意味をとりやすいように書ければ十分です。あるいは、文章にせず、箇条書きにしても読みやすくなります。

例えば「○○○が選ばれる5つの理由」や「○○○5つのメリット」、「○○○を実現できる5つの根拠」など、お客様の選択を後押しするようなタイトルをつけて5項目を箇条書きにするのです。

このとき、項目の数は3、5、7がいいとされています。

ボディコピーのパターン例

説得には「型」があります。それはボディコピーでも同様です。ターゲットの性質などを考慮し、どのようなパターンでの説得が有効かを先に決めてしまえば、あとは要素を当てはめるだけ。

その型として、これまでは「PASONA」、「QUEST」、そして「CREMA」の法則がありました。

● PASONA の法則

Problem ········· 問題の提起
Agitation ········ 危機感をあおる
Solution ········ 解決策の提示
Narrow down ···· 絞り込み・限定する
Action ·········· 行動の呼びかけ

● QUEST の法則

Quality ········ 対象者の絞り込み
Understand ····· 悩みへの共感
Educate ········ 解決策の教育・啓蒙
Stimulate ········ 便益による欲求の刺激
Transition ······ 顧客への転化

Conclusion‥‥‥‥ 結果の提示

Reason‥‥‥‥‥‥ 理由

Evidence‥‥‥‥‥ 根拠となる証拠

Method ‥‥‥‥‥ 達成する手法

Action‥‥‥‥‥‥ とるべき行動

もちろんこれらは有用ですが、LP（ランディングページ）のような長文での説得に向いているものです。しかし、なかなか長文を読んでもらえない現代では、ボディコピーも短いに越したことはありません。より端的でダイレクトなテンプレートもご紹介します。

①単刀直入型

＜ウリ＞こんな便利さ（おいしさ）がある

＜根拠＞根拠となる機能性、材料

＜機会＞いま行動するべき特典、景品など

（実例）

甘くておいしいのに、太らないドーナッツが誕生！＜ウリ＞

秘密は新開発の糖質ゼロ甘味成分＜根拠＞。

いまなら、お試しプライス、送料無料でお届けします！＜機会＞

その他、次のようなテンプレートもありますので、活用してみてください。

②問題提起型

＜提起＞～で困っていませんか？

＜紹介＞〇〇〇はこんな機能を搭載

＜解決＞～こんな問題を解決します

③便益列挙型

＜便益1＞〇〇〇は～ができます

＜便益2＞～の場合は～が可能

＜便益3＞さらに、～にも対応しているので安心です

④根拠実績型

＜実績＞〇〇〇はご愛用者が××人

＜根拠＞それは、～や～の機能を搭載しているから

＜結語＞～の方は、～のときにご利用ください

⑤差別化型

＜前提＞～のとき、××では効果がありません

＜優位性1＞〇〇〇なら～の効き目があります

＜優位性2＞△△の場合、～や～に役立つのは〇〇〇です

売れる言葉のセットを活用する

　以上のようにボディコピーもあれば、商品ネーミングとスローガン、企業スローガンもあります。先にキャッチコピーは「定義」と「差別化」の2種類を書きましょうと説明しました。

　それぞれを書くうちに、ツールに活用できる言葉の要素がそろってきます。それを「売れる言葉のセット」としてバランスよく設計し、ウェブサイトやカタログ、フライヤーなどへ、常に連動して使っていくことをオススメします。

> 売れる言葉のセットとは
>
> [1] 商品スローガン（定義する）　[2] 商品ネーミング
>
> [3] 差別化キャッチコピー（選ぶ理由をつくる）
>
> [4] ボディコピー（100～300字）
>
> [5] 企業スローガン（企業の価値を訴求）

　そうすれば会社として発信する表現が統一できますし、ボディコピーの部分を記憶しておけば、パンフレットなどを持たずに見込み客と出会ったときにも効率的に伝わるセールストークになります。

　また、デザイン的な視点としては、キャッチコピーやボディコピーなどの言葉・文章では、「漢字」と「ひらがな」、「カタカナ」のバランスを考え、見やすく、読みやすくなるように心がけましょう。

　また、パッと目に飛び込みやすい「視認性」と、文章として読みやすい「可読性」の両立を狙ってください。

第 **4** 章

キービジュアルに使う
素材はこれだけ

発想パターンを活用すれば、
キービジュアルは誰でもつくれる。

キービジュアルの絵づくり 17のパターン

前の章まででキービジュアルにより解決したい課題が何であるかを明らかにしました。

その目的へとアプローチするために、この項ではキービジュアルの表現の方向性という観点から、どのようなパターンがあるかを挙げていきます。

広告表現の見本として本項で述べる発想パターンを活用すれば、インパクトのある、さまざまなキービジュアルのアイデアを出すことができるはずです。

そして、慣れれば以下の発想パターンに頼らなくてもアイデアを出せるようになります。

キービジュアルのつくり方17のパターン

★1★ ベネフィットを訴求する

ベネフィットとは、便益、便利さ、メリット、食品ならおいしさを指します。広告表現の基本は、商品やサービスのベネフィットを描いて伝えることです。

ここまでに書いたように、見込み客が「それなら欲しい！」と言ってくれるようなベネフィットを、キービジュアルによってわかりやすく伝えるものです。

お客様が選ぶ理由を特定した上で、次項の「ベネフィット別キービジュアル表現24のヒント」を参考に発想してください。

さて、全国のコンビニやスーパーなどでいつでも買えるように売場を押さえることができている商品や、有名なサービス、施設などであれば、強くベネフィットを訴求する必要はない、イメージ的な表現でも成立する、と書いてきました。

ここでは、有名ブランドだからこその「イメージ的な」ベネフィット表現の事例について紹介します。

低迷するユニバーサル・スタジオ・ジャパンの立て直しを託された森岡毅さんが、クリスマスイベントの来場促進用につくったテレビCMはイメージ広告でした。

森岡さんが担当するまでの表現は、園内の様子にイベント内容とパスの料金を伝えるスタイルでしたので、むしろ具体的な「商談」を強調する販促的なものでした。これを変更し、来園して笑顔になる子どもを見て目を細める父親を描くという「イメージ表現」にしたのです。

しかし、これは父親の（あと何回、こんなクリスマスを過ごせるだろうか）というつぶやきに寄り添うストーリー性のある訴求でした。

父親（おカネを出す人）の胸に刺さるこの表現により、クリスマスシーズンの来園者は前年の2倍増となったといいます。

「今しか渡せない贈り物」

何かにたとえて内容を理解してもらうというのは、よくある広告表現のパターンです。

「まるで○○のように（快適です）」と表現することで、商品のパフォーマンスを理解してもらうのです。英会話学校では「駅前留学」とたとえることで、駅の近くに通うように手軽だけれど留学したように本格的、というメリットを上手に伝えることに成功しています。

よく見るものには、先進技術をロボットにたとえたりする表現があります。このような場合は、ロボットの写真画像をフリー素材などから探すことでキービジュアルをつくることができます。

うまくたとえすぎると誤解されることも

たとえるときに注意が必要なことは、リアリティがありすぎるとたとえたものそのものだと思い込まれてしまうケースがあります。

エアコンの広告表現をつくるとき何かにたとえると、エアコンによって居室は快適になり、避暑地の湖畔でくつろぐようだ、ということになります。

そこで、軽井沢かどこかでくつろぐ家族の素材写真を入手して、広

告表現をつくったとします。

　すると、パッと見ただけの見込み客のなかには、（旅行ツアーか別荘販売のパンフレット？）と誤解してしまう人もいるのです。

　もう一つ別の例を挙げます。断熱性能の高い住宅を特長とするハウスメーカーが、住宅を人にたとえて「寒いと風邪をひきやすい」という表現をとったとします。

　見た人が家の比喩とは気づかず、「冬が寒ければ風邪も引くだろう？」とシンプルに受け止めてしまうこともあるわけです。

　「そこまでの勘違いはないでしょう？」と思うかもしれません。しかし、お客様というのは本当に注意力が散漫なものです。広告表現で失敗をしてきた経験者は、みな同じ意見でしょう。

　日本社会はハイコンテクスト文化であるといわれます。それでも、X（旧Twitter）での炎上などでは、140文字で語られた誰かの文章の真意を読みとれずに激昂していると思われるケースも多くあります。

　ビジネス上のコミュニケーションでは、SNS以上に慎重でありたいものです。

　会話や文章でも、わかりやすく伝えようとしてたとえ話にすると、かえって情報が増えてフクザツになってしまい、わかりづらくなることはありますよね。

　明治の「おいしい牛乳」という紙パック商品を見てください。まず、非常にわかりやすいネーミング。そしてパッケージ正面にはコップに注がれる白い牛乳のビジュアルです。

　間違えようのない詰めかたですね。しかし、そのくらいのほうがいいのです。あまりおしゃれなひねりを加えると、「そのもの」であると勘違いするユーザーが必ず出てくるものです。

　私の失敗事例を書いておきます。

　あるテレビ局の企業広告を依頼されたときのことです。その局はお

もしろさを追求していたので、神父を出して神様も笑っちゃうおもしろさ、と信仰にたとえるようなキービジュアル案をプレゼンテーションしました。

　ところがこの案は不採用でした。宗教の色がつくのはさけたい、というのが理由でした。しかし、同局のお笑いバラエティ番組では毎週、ニセの神父が登場するコーナーがあったため、ちょっと納得がいかなかったことを覚えています。

★3★ ビフォーアフターを見せる

　ビフォーアフターとは、いわゆる使用前・使用後を見せることでインパクトのある比較を伝えるものです。

　使い方を見せることになったり、時間の経過を意識してもらうことにもつながります。

　わかりやすいのはリフォーム施工会社や清掃会社などです。サービスが入るビフォーアフターを容易に出すことができます。

　また、町工場の金属加工業などでも、工程の見直しによってコストダウンや精度向上を訴求することができるでしょう。

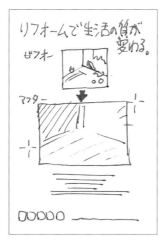
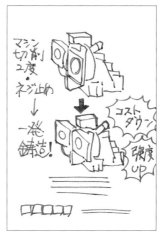

★4★　フクザツな内容を図解にする

　商品のはたらきの流れを図解したり、システム図を少し単純化して出したり、あるいはマンガ化して見せるものです。言葉で説明をすると伝わりづらく、わかりにくいシステム構成や構造であっても、図解して見せることにより一瞬で理解してもらえる効果があります。向いているものとしては、構造や流れの順番や関係性、原因と結果の関係、包含や共通の関係、階層、位置・ポジショニングマップなどを揚げることができます。

　4コママンガで描くほど情報量が多くはなくても、1枚絵で説明がしづらく2コマや3コマでなければ描けないような内容でも表現することが可能です。アイテムや言葉を枠で囲って矢印でつなぐだけで時系列や展開を盛り込むことができ、1枚のキービジュアルで理解してもらうことができます（8ページ参照）。

★5★ 困った状況を描く

　商品が解決の対象となる困りごとのシーンを描くものです。

　例えば、水道が壊れて水浸しになってしまっているシーンのテレビCMを見たことがあるでしょう。

　そのほかにも、パソコンのデータが消えてしまった、鍵をなくしてしまいドアが開かない、大きな家電の処分に困っている、などいろいろ考えられます。

　このような困ったシーンを見せることによって、見込み客は自分ごととして捉えやすくなるため、ターゲットを特定して振り向かせることにつながります。

　ただし、健康食品や健康器具、化粧品などでは薬機法があるので「症状を改善します」とはいえませんし、対象とする病名などを出すこともできません。

　こうしたルールは年々、厳格になっていますし、Googleの検索エンジンもきびしく評価していますので注意が必要です。

　また、健康食品カテゴリーには、トクホ（特定保健用食品／許可制）や機能性表示食品（届出制）という制度があるので、これらを利用することも一つの方法です（10ページ参照）。

★6★ 擬人化する

　商品を擬人化したり、キャラクターを使って表現するものです。

　音に合わせて揺れる（ダンスする）、フラワーロックというおもちゃ
をご存知でしょうか。これは、植物にサングラスをかけてミュージシャ
ン（?）にするというキャラクター化をしており、ヒット商品になりま
した。

　試しに、手近にある500mlのペットボトルや電卓、スマートスピー
カーをお持ちの方はそこへサングラスをかけてみてください。なんだ
か感情をもつ生物のように見えませんか。

　リサイクルショップのように、新品ではないインテリアや雑貨を販
売している店舗では、キズ・難ありの家具などを擬人化、キャラクター
化して語らせることで受容度をぐんと高めることもできるようです。

★7★ 何かと比較する

　サイズや機能を何かと比較することでその価値を伝えるものです。

　商品のサイズに優位性があるとき、それを数値や表で伝えてもインパクトが出ません。サイズ感を一瞬で理解してもらえる意外な何かと比較することで印象に残りやすくなります。

　あるいは、ユーザーの購買意思決定に影響を与えるメリットである2項目を対比させながら、その両立を訴求する方法も理解を促進します。例えば、アサヒビールのスーパードライビールのような、「コクがあるのにキレがある」という訴求軸などです。

　その他、何かと比較することでボリューム感を見せたり、収納力が高いのなら収納できる分量を収納せずに床に広げて見せるなど、一目でわかる比較ができると理想です（2ページ参照）。

★8★ シズル感を出す

シズル感を前面に出す表現です。

まず「シズル」とは、料理や飲料などの食品写真で、食欲を刺激するようなみずみずしい表現を指します。

もともとは肉がジューッと焼ける音が語源になっており、そこから消費者の感覚を刺激することで購買意欲を高める手法を意味する用語となりました。

外食産業のテレビCMなどはまさにそれであり、理性よりも五感に訴えかけることで来店を促そうとするものです。

また、食品以外でも、リアルな実物感や臨場感の意味で使用されることもあります。

★9★ グラフ化する

　グラフをメインのビジュアルとして使用するものです。

　あなたもプレゼンテーション用資料などでグラフを使用すると思いますが、商品のシェアが高いことや販売数が激増していることなどを視覚的に訴求することができます。

　何かの数量の推移や多寡を比較して伝えたいとき、言葉や表組みに収まっている数字からではなかなか伝わりません。読み手は頭の中でいちいち変換しなければ把握ができないからです。

　明解なグラフにすることで伝えたい数字がボリュームとして見える化し、正しい比較や現象、推移をすっと理解してもらうことができます。

　ただし、適切なグラフ種別を選択することが必要です。

　（グラフ種別の選択や活用については179ページを参照してください）

★10★ 商品や使用シーンを見せる

　商品、パッケージをキレイに見せたり、商品の使用シーンや使用法を見せるものです。

　通常でも、商品本体やパッケージを出すことは多くあります。それは、商品を見せればほとんどのことが伝わるのではないかと考える人が多いからだと思います。

　しかし、それはあなたが商品の送り手だからです。はじめて商品を見るお客様にとっては、そもそも何の商品なのか、

誰が使う商品なのかわからないでしょう。説明文から情報を読みとればわかるのかもしれませんが、いまはそんな時間をかけてくれるほどヒマな人はなかなかいません。

商品を見せればそれで十分？

　そもそもシンプルなプロダクトデザインに、凝ったネーミングがつ

いているような商品ですと、実際に何に使う商品かわからないことも少なくありません。

　例えば、白っぽい筐体に操作パネルがあり、下のほうに排気か吸気のためのスリットが入っているような機械。

　さて、これは乾燥機か、加湿器か、空気清浄機か、脱臭機か、送風機か?

　取り扱っている会社の人は「誰にでもわかる商品」と認識していても、はじめてチラッと見ただけのお客様にはわからないということも少なくありません。

　くどいようですが、送風機なら本体の使用シーンを見せ、風の矢印をブルーで入れ、「さわやかな風が吹き抜けます」などのメッセージを入れるほうがよいでしょう。そこまでやることが“マスコミュニケーション”なのだと思います。

　展示会のブースなどにおいても、「商品」をドンッと置いておけば興味をもった来場者のほうから質問や声がけがあると思っている出展者が少なくありません。

　ところが、来場者は思い通りには行動してくれないのです。

　例えば、ドリンクの500mlペットボトルが置かれていたとします。

　それを、来場者として見たあなたはどんな想像を巡らせるでしょうか。

　ドリンクの飲料メーカー?

　このボトルをブロー成形している?

　このボトルのラベルを印刷した?

　ラベルを自動で貼る機械?

　ボトルは3Dプリンタ製作の見本?

　ボトルのシュリンク包材?

　ボトルのデザイン会社?

　樹脂素材メーカー?

　など、キリがありません。

ちょっと意地悪に書きましたが、パッと見ただけのお客様にとってはそれくらい悩むほど範囲は広いということを言いたいのです。

使い方を見せる／引き出し線で訴求する

　簡単操作をウリにする商品であれば、「2ステップでラクラク操作！」のような情報を前面に出すことで購買意向を高めることができます。

　一方、操作がめんどうに見える商品であれば、「じつは簡単に使えます」と表現する必要があるかもしれません。

　家電やIT系のガジェット、機械物など操作性がポイントとなるような商品では、使い方の効果的な訴求によって選択肢に入れてもらうことにつながります。

　しかし、ただ取扱説明書を見せても仕方がありません。そこで、上記の作例のような、引き出し線を活用する方法をオススメします。

　操作性のよさを訴求するだけでなく、メリットや機能なども一緒に伝わりますので効果的です。

★11★ パロディにする

　有名な絵画や彫刻などの芸術作品を使ってパロディにし、商品を印象づける手法です。

　パロディ対象の候補としては、歌舞伎や浮世絵、彫刻、絵画、水墨画、蒔絵、神社や仏閣、歴史上の人物・偉人など、知名度が高くて著作権侵害にならなければなんでもOKです。

　メジャーで高尚な素材を自由に使えるのですから、おトクです。

　あるいは、選挙ポスター風にしたり、謝罪会見風にしたり、西部劇のカウボーイ風や宇宙人風などにするのもいいでしょう。

　レオナルド・ダ・ヴィンチの「最後の晩餐」をパロディにして、「最初の晩餐」として赤ちゃんの離乳食の広告をつくることもできます。

　オーギュスト・ロダンの「考える人」であれば、清々しい表情でトイレに座らせて、トイレ周りの商品に使うこともできるでしょう。

　キャッチコピーはダジャレ風にすると、さらに効果的です。そして、ダジャレのレベルは高くなくてもいいというか、バカバカしいくらいがちょうどいいのです。

　ただし、現代に著作権が生きている素材を使用する際は、必ず権利

者の了解をとる必要があります。

　「白い恋人」をパロディにした「面白い恋人」と、フランクミュラーをマネした「フランク三浦」のいずれもが係争になっています。

　ちなみに著作権侵害にならないものは、すでに著作権が切れてしまった場合（パブリックドメイン）などです。

　著作権保護は原則的には著作者の死後70年とされていますが、国によって異なる上に、途中で何度か延長されています。また絵画や彫刻など作品自体は著作権が切れていても、その作品を撮影した写真にはカメラマンの著作権があったりします。

　このように著作権法はとてもフクザツですので確認が必要です。

★12★ ターゲットを出す

　シンプルに見込み客や購入者などのターゲットを出すことで、誰がお客様なのかをわかりやすく指名してしまう手法です。

　「ターゲットを出す」とはシンプルですが、やはり「当人」を対象者としてはっきりさせることは一つの王道ではあるのですね。

以前、ある自治体が取り組む女性活用プロジェクトがありました。その告知広告の表現が、10人くらいの偉そうなオジサンがずらりと並んだキービジュアルでした。

対象となっているはずの女性は1人もいませんでした。最初に見たときに少し違和感を持ったのですが、それはほかの人も同じだったようで、けっこうな炎上となりました。

結局、このキービジュアルは引っ込められ、別の広告表現がつくられました。ただし、では女性を出せばいいかというと、それだけでもないでしょう。やはり、きちんとしたコンセプトに基づいていることが重要なのだと思います。

★13★ キーワードを主役にする

商品名そのものやデータ数字、キーワードやキャッチコピーをキービジュアルにするものです。

これが伝われば強みや差別化点が伝わる、という強く短い言葉があれば、堂々と出してください。正直なところ、考えさせられるビジュアルを出すより話が早かったりします。

とくに、ウェブ広告として出稿される小さなサイズのバナーデザインなどの場合、あまり凝ったキービジュアルをつくってもごちゃごちゃとしてよくわからないこともあります。

むしろ割り切って文字のみで訴求するほうがよいケースは多いものです。あまりデザイナーに頼らず、制作できることもよい点の一つです。

ベストセラーとされる書籍の装丁デザインを確認してみてください。ほとんどのカバーが、タイトルの文字を置いただけのものだと気がつくでしょう。

★14★ ガイド役を出す

　説明をするガイド役、狂言回しとして、医師や博士のようなキャラクターを出すものです。

　これによって、やや客観的に商品の優位性を語ったり説明したりする構図にすることができます。

日本人は権威や海外からの評価に弱いところがあり、白衣を着た人の言うことは信じやすいともいわれます。

　例えば、歯科医がすすめる歯ブラシ（歯磨き）や、医師が考案したダイエット法、シェフ（白衣？）が推奨するシステムキッチンなどですね。

　ウェブのランディングページであれば、項目ごとに理解の助けとなるようなアドバイスを言ってもらう使い方ができますし、1枚絵のキービジュアル表現では、上の白衣の人のような推奨者的な登場の仕方がよいかもしれません。

★15★ エビデンスを出す

　効果やベネフィットを実現できる証拠を提示するものです。

　昔は「100人乗っても大丈夫」というイナバ物置のテレビCMが有名でしたし、サンスター文具のアーム筆入は「象がふんでも壊れない筆箱」と親しまれていました。

　健康食品や医薬品、医薬部外品などではもちろんですが、健康器具や雑貨などでもエビデンス＝役立つという根拠・証拠がものを言うことがあります。

　エビデンスが一般的ではない市場でも、競合が出していないから出さなくてよいのではなく、あえてウチは出す、という戦略で勝つことができるケースもあります。

　写真フィルムから化粧品事業に参入した富士フイルムでは、イメージ表現に終始するライバルを尻目に、化粧品のアンチエイジング機能を具体的に訴求して成功しました。

　工具メーカーであるエンジニアでは、なんとなくの役割で買われていた工具カテゴリーに、つかみづらいネジでもガッチリつかんで抜けるネジザウルスの機能性を徹底して伝えました。これにより、工具としては異例の大ヒットとなり、アメリカの市場でも人気商品となって

います。

　エビデンスとしては、比較データやグラフ、顕微鏡写真やマーケティング調査や実験の結果など。

　次項目のタイポグラフィ（文字要素）を素材として活用する項目も参照してください。

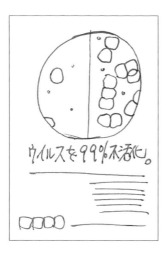

★16★ 物語にする

　物語のシーンをキービジュアルで再現して見せるものです。

　人は物語に興味を抱きますし、記憶・印象にも強く残ります。その企業に共感を持ったり、商品を買ってみたいと思わせるチカラが、物語にはあるのです。

　作例の物語を簡単に説明します。

　「哀しき恋の味。」は、ある温泉地の公園の敷石をモチーフにつくられたビターな味のチョコレートの物語です。結ばれない運命の二人が、それでも愛を語りながら歩き、踏みしめた公園の敷石に思いを込めて涙の味のチョコレートをつくりました、というものです。

　もう1点は、実際にJR東海が出稿した新「のぞみ」周知のための広告作品です。

単身赴任の父親は、いつも日曜の夕食後に大阪へ向かわないと間に合いません。小学生の兄弟はそれを知っているから、夕刻になるにつれ家族の会話も途切れがちになります。

　ところが、その週に限って父親が「お風呂に入るか?」と言います。もったいぶって、月曜朝イチに出ても間に合う新幹線ができたのだと教えると、子供たちは大喜びする、という物語。

　主役は物語なので、キービジュアルは兄弟を抱きかかえる父親のシーンでいいのです。

★17★ 誤解を解く

　商品に抱かれそうな疑問や不審点を、あらかじめ払拭しておくためのキービジュアルです。

　お客様がパッと商品を見たときには、こちらでは想像できない誤解や無理解がいろいろと起きるものです。

　例えば、「組み立て式の家具では自分一人では組み立てられないだろう」、「甘すぎるスイーツで自分向きではないのではないか」、「どうせほかの商品と同じく防腐剤が入っているだろう」、「価格が高いようだが理由がわからない」、など。

これを説明文の最後のほうで説明しても、誤解した人は購買意欲も低いのでそこまで真剣には読んでくれません。こうした点をカバーするため、メインのキービジュアルで誤解を解いてしまうのです。

　こうした表現は、新発売のときではなく、少し期間が経過したあたりが最適です。ユーザーボリュームをもう一回り増やせるはず、それには誤解している人をなくそう、というタイミングに採用するべきキービジュアルであるといえます。

アイデアを出すクセをつける

　アイデア発想法にはKJ法※やラテラル・シンキング※などを活用することができます。

　しかも、ゼロからアイデアを出す必要はなく、オズボーンのチェックリストのように既存のアイテムを転用したり、拡大・縮小、結合して新しいものを生み出せないかと考えていけばいいのです。

　そして、日頃からいいと思った広告やデザインをファイルしておくようにしましょう。それらを頭のどこかの引き出しに入れていき、その方面のアイデアが欲しくなったときに取りだしてくればいいのです。

　そこへ必要なアレンジを加え、料理してください。これは、私がアイデアを出すためにやっていることです。

　アイデアのストックをしておき、自分なりの引き出しを持っておく。それがあれば、けっこう自由にアイデアは出せる（アレンジできる）ことと思います。

※KJ法：川喜田二郎氏が考案したアイデア発想法。ブレーンストーミングなどで出た意見や思いつきを付せんやカードに書き、グループ化するなど整理してまとめていくもの。

※ラテラル・シンキング：問題解決のために、固定観念にとらわれず多角的に発想していく思考法。対照的な思考法にロジカル・シンキングがある。

ベネフィット別キービジュアル表現24のヒント

前項の17パターンの中でも、もっとも重要なのは「<1>ベネフィットを伝える」です。

先に書いた通り、特長や機能、仕様をそのまま伝えただけでは、お客様は自分にとってメリット、ベネフィットになると気づかないこともあります。そのため、特長や機能をベネフィットに置き換えて伝えることが必要です。

■特長・機能をウリに変える例

小さい　→持ち歩ける、場所をとらない

温かい　→快適に過ごせる、薄着できる、冷え性が快適になる

長持ちする　→充電が長持ちなので3日間、充電しなくていい

シワになりにくい生地のジャケット　→旅先で着用するのに最適

この項では、お客様にとってのベネフィットを瞬時に伝えることのできるキービジュアル表現のヒントを、その性質別に挙げています。

自社商品の特長やベネフィットと照らし合わせて広告表現を発想するときの参考にしてください。

キービジュアルのつくり方としては、撮影したりCG合成したり、イラストを描いてもらったりということになります。

前の章で書いた通り、最近は写真素材も無料、低価格で質の高い素材を使用することができますし、CG合成も安価になり、場合によってはAIによる生成画像もあります。

クラウドソーシングなども利用することで、わかりやすいキービジュアルを作成してください。

ベネフィット別表現24のヒント

★1★ 軽い！

空中に浮かせる、軽々と扱っているシーン、羽が生えている、素材を出す、風船で浮かせる、天秤が軽い、指一本で支えている、雲の上に置く・歩いている、グラム数を大きく出す、無重力を演出する、細い女性がラクラク持つ、かざした手のひらで浮いている、など。

★2★ 速い！　時短！

F1カー・新幹線と並べる、フェラーリを出す、ストップウォッチの数字を出す、タイムマシンを出す、速度の数値を出す、チーターの激走、ウサギが急いでいる、到達時間をグラフで比較する、集中線を描く、破裂する水風船の高速度撮影、リンゴを撃ち抜く銃弾、水滴を落としたミルククラウン、皆既日食、流れ星、など。

★3★ カンタン！　シンプル！

　子供に持たせる、スマホを見ながらできる、寝ながらできる、動物でもできる、手順をコママンガで表す（シンプルさが伝わる）、レシピ（手順書）を出す、ワンアクションでできることをアイコンで表現する、ヘタなイラストのキャラクターを出す、など。

★4★ 小さい！　細い！　薄い！

　商品をサイズがわかるものと比較する、細い・薄いなどであればその部分を強調・比較する、ポケットやバッグから取りだす、占有スペースを点線で強調（クルマに載る・テーブルに乗る、戸棚に入る）など、ミニチュアモデルを出して極端に印象づける、など。

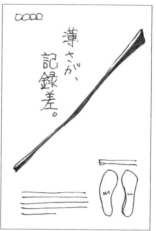

★5★ 大きい！

　クジラ、ゾウ、大河、リムジンカー、タワーマンション、大型車両、大型冷蔵庫、豪華客船、大盛り定食、アフリカ・アメリカ大陸、大輪の花、巨大スクリーン、大男、大きな古城、近すぎる月、など。

★6★ 多い！

　全量を並べて視覚化する、アジアの大家族、フェス会場の混雑、積み上げられた書類、たくさんのハチ（アリ）、ビル街、港のコンテナ、満天の星、カバンいっぱいの荷物、など。

★7★ 高品質！　高機能！

　根拠になる素材を出す、こだわっている高品質の素材を出す、内部・

細部を強調（引き出し線で説明）、ブランド名を強調、ロゴ・マークや
タグを強調、高級素材を強調、など。

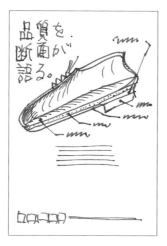 

★8★ 本格的！　歴史的！

　古典絵画のビジュアルやモチーフを使う、ギリシャ彫刻、浮世絵、茶
器（陶器）、世界遺産、歴史的建造物、偉人・歴史上の人物の写真、な
ど。

★9★ 頑強！

クルマに轢かせる、バイクで引きずる、ビル屋上から落下実験をする、水中に入れる、氷漬けにする、泥の中に突っ込む、接着剤の強さを実証する、象が踏む、100人が乗る、砂漠に放置する、タフ素材を強調、など。

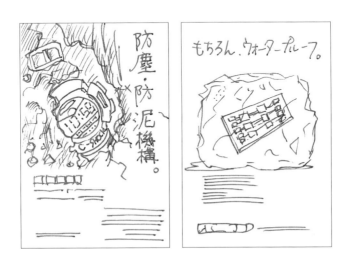

★10★ すごい！

過去の実績、成功事例の提示、数字（10万人が愛用）を出す、すごさの根拠（新素材、部品、機構、独自材料）を見せる、世界初・日本初を強調する、トランプのジョーカー（切り札）、スーパーヒーロー風にする、など。

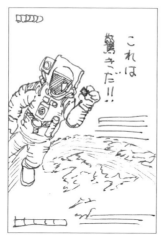

★11★ 多機能！

　スイスアーミーナイフ（十徳ナイフ）を出す、千手観音を出す、や
り手のビジネスパーソン、複数人の話を聞く聖徳太子、多彩な工具の
入ったツールボックス、スマートフォン、二刀流のアスリート、走攻
守そろった野球選手、ハイブリッドカー、など。

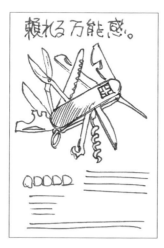

★12★ 新技術！

　未来都市・ロボット・宇宙・未来カーなどの空間イメージ、技術を表現する設計図・原理・実験結果などのインフォグラフィック、数値やデータ、新しいライフスタイルの人・家族、VRゴーグルで驚く人、技術を象徴する部品・アイテムを見せる、など。

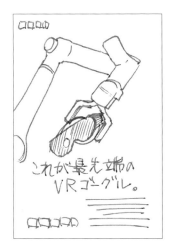

★13★ 賢い！

　AI、ロボットを出す、出来杉くん的な子供、大学教授を出す、書斎にいる学者・研究者、フクロウのキャラクター、シャーロック・ホームズのような探偵キャラクター、ご隠居・老師・仙人・おばあちゃん、など。

★14★ 精密！

　設計図を背景に敷く、高精度なメカニカルウオッチ、高精度にカッティングされたブリリアントカットのダイヤモンド、素手で平滑さを測れる技術者、機械なしに工芸品を製作する伝統職人、細密な半導体チップ、レーザー加工による精密加工、ピラミッドの設計、天体運行のシミュレーションイメージ、など。

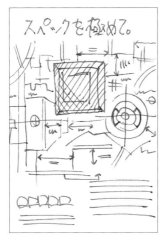

★15★ おいしい！　新鮮！

　豪華なテーブルセット（フレンチ、料亭）、シズル表現（冷えた水滴、湯気、ソースやカラメルのとろみ、ジューシーな肉汁、肉などの断面）、権威者の推薦（シェフ、料理研究家、栄養士）、素材の強調、家族・子供・パートナーの喜ぶ顔、糖度の数値、A5ランク、とれたての魚、鮮やかでみずみずしい葉物野菜・トマト、ハリのあるフルーツ、透明感のある魚介類、咲いたばかりの花、できたてで熱あつの料理、湯気や水滴のイメージ、など。

★16★ 温かい！

　こたつ、炎（焚き火）、暖炉、湯気が立っている食品、結露した窓、羊、哺乳類の母子、もふもふのネコ、ぬいぐるみ、ウールのセーター、起毛素材の毛布、笑顔のおばあちゃん、南の島の風景、砂漠、暖色系のオレンジ・黄色を使う、など。

★17★ 冷たい！

　北極（南極）の背景写真、冷凍庫の中、氷の結晶、氷の彫刻、樹氷、つらら、吹雪、雪女、雪の積もっている場所、氷入りのドリンク、氷漬けにされた商品（ユーザー）、寒色系の青、など。

★18★ 健康的だ！

　スポーツのシーン、ヨガやマシントレーニング、湖畔や森林のイメー

ジ、清浄な空気の高原風景、オーガニック野菜、公園の散歩風景、元気な高齢者、医師のOKサイン、ラジオ体操、早朝の太極拳の風景、など。

★19★ デザインがよい！

　工業デザイナーを出す、設計図のイメージ、グッドデザイン賞マーク、パースをつけて商品撮影、ダ・ヴィンチ風の図面を敷く、など。

★20★ 環境によい！

　青い地球を出す、自然の風景を出す、湖・森林を出す、SDGsをキーワードに出す、都市と公園の対比、ゴミや廃棄物、蛍の棲息シーン、汚染された河川を出す、海底のプラスチックゴミ、風力発電の風景、砂漠化した森林、ゴミが打ち上げられた海岸、太陽光発電の屋根、地球の砂時計、など。

すべての家庭の節電で、100m²の森林が守られます。

流し台は海につながっている。

環境問題を解くカギ。

★21★ オンリーワンのもの！

　DNA、指紋、ウズラの卵（同じ模様がない）、オーダーメードのテーラー、世界最大のダイヤモンド、大切な家族・パートナー、NFT（Non – Fungible　Token）のイメージ、古典絵画、など。

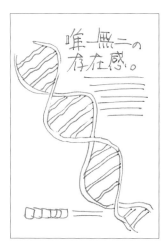 

★22★ 問題を解決する！

　エッシャーのだまし絵、渋谷のスクランブル交差点、からまった配線ケーブル、混線した道路標識、障害の起こりそうなITシステム、枚数の多い写真のコラージュ、ジグソーパズル、分子構造のモデル、化学の構造式、知恵の輪、など。

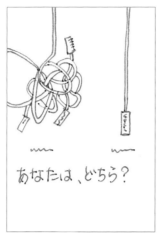

あなたは、どちら？

シンプルなDXを提案。

★23★ 守ってくれる！

　番犬（ドーベルマン）SP、警察官、私立探偵、ライフガード、守護神（ギリシャ神話アテナ）、神様・仏様、御守り、お札、結界、安倍晴明、金剛力士、風神・雷神、狛犬、シーサー、スフィンクス、勾玉、パワーストーン、クローザー、医師、甲冑・よろい兜、盾、ファランクス陣形、シェルター、アマビエ、など。

招福　縁起。

守護神にまかせる！

■バリエーションが豊富！

　商品の（カラー）バリエーションをキレイに並べる、絵の具のパレット、色鉛筆・絵の具のセット、など。

■世界スケールである！

　世界地図を出す、地球儀を出す、各国の国旗を出す、多言語で特長を表記する、さまざまな人種を出す、国際的なイベントのイメージを使う、など。

■自由だ！

　自由の女神、ドラクロワの絵画「民衆を導く自由の女神」、空を飛ぶ鳥、カラになった鳥かご、外された手錠、など。

■変化する！

　ネコの目、カメレオン、幼虫と蝶、おたまじゃくしとカエル、信号、グラフ（折れ線／棒）、ビフォーアフター、時計の秒針、砂時計、移動する太陽・雲、など。

■分割できる！

　（光を分割できる）プリズム、硬貨分別機、配送センターの地域別に割り振られるベルトコンベア、郵便物を分別する機械、高速道路のジャンクション、マトリョーシカ、レゴブロック、モザイクアートが分かれていく、など。

ビジュアル発想のヒントをネットから得る

　もっとも簡単なのはGoogleの画像検索を利用することです。
　伝えたいベネフィットのキーワード「例：軽い＿写真」、「速い＿イラスト」などを入力して画像検索すると、それらしいビジュアルが表

示されるので参考になります。

　また、AI（ChatGPT、Geminiなどなど）に質問して答えてもらうことでもヒントを得ることができます。

　例えば、「万能をビジュアルにするためには、どんなものが考えられますか?」や「もっと数多く考えてください」など、質問の仕方をいろいろ変えて、重ねて聞いていくことがコツです。

注目されるキービジュアル素材の考え方

　前項の、表現の方向性からアプローチしていくキービジュアル発想に対し、本項ではその表現を構成する素材から考えます。

　強いビジュアル素材、注目を集められる要素を使えれば、「〇〇〇の広告」と記憶され、拡散するチカラを持ちえます。

　大手企業はここに有名タレントを持ってくるのですが、予算的にそれができなくても、工夫しだいでインパクトを出すことはできます。見込み客の印象に残り、記憶され、行動につながる素材を探しましょう。

愛されるビジュアルの基本は3B

　3つのBとは、Beauty（美人）、Beast（動物）、Baby（子供）のこと。いずれも、人がつい見てしまう魅力的なビジュアル素材です。多くの広告がこれらの素材を使っています。

　「モナ・リザ」や「真珠の耳飾りの少女」のような古典的な絵画の名作も、ハリウッド映画のキービジュアルも、だいたいは美しい人（男女問わず）です。

　動物でいえば、テレビの動物番組も人気のようですし、テレビCMにも登場しています。

　ネコ好きな人が多いせいか、YouTubeやSNSのショート動画でもよくネコが出てきます。ネコが大好きという人は多いので、商品のそばになんの脈絡もなく子ネコがいるようなケースもよく見るのではないでしょうか。実際に、それだけで目を引くことと思います。

同様に、子供の笑顔に弱い人も多いでしょう。とくにお子さんやお孫さんをお持ちの世代には、子供が1人でお使いに行く、というだけで涙を流してしまう人もいますね。

人（集団）、人の顔、手足

とにかく人は、人の「顔」が見たいのです。雑誌の表紙も、その多くは人の顔のクローズアップです。フリー素材のサイトでも、人の写真は数多くストックされています。

顔のアップでなくても、人の特有な姿勢や人の集団なども訴求力を持ちます。例えば、デモ参加者のようにメッセージボードを掲げる人などというのも、引っ掛かりのあるキービジュアルになるといえます。

手や足専門のモデルがいることはよく知られていると思いますが、顔ではなく手足だけでも存在感は出ます。

ハンドクリームのビジュアルが手のアップなのは当然ですが、スマートな女性をターゲットとする商品のビジュアルにほっそりした女性の脚だけというキービジュアルでも成立します。

有名タレントを起用できれば、より効果も高まるところですが、当然、数千万円単位の予算が必要になります。しかし、最近では数十万円のコストで有名タレント（失礼ですが、やや旬を過ぎた方たち）を起用できるプランも出てきています。

収入源の多元化を模索しているテレビ局も、そうした商品パッケージを提案していますのでチェックしてみてください。

また、人ではないのですが、キャラクターを出すこともここに含まれます。

以前、全国各地でゆるキャラが大流行した時期がありました。また、「なんとかレンジャー」とネーミングして3〜5人くらいのチームで地域観光などをアピールする取り組みもありました。

ゆるキャラは数が多すぎて食傷気味ではありますが、それでも硬め
の商品などではソフトに伝わるアイテムとして役に立つと思います。

なぜ外国人モデルを使うのか

　服飾や化粧品などではブランドイメージに合うモデルを登場させて
もいいのですが、なかなか素材サイトの画像ストックでは思い通りの
人はいませんし、撮影するとしてもぴったりのモデルさんが見つから
ないこともあります。

　また、仮に見つかったとしても、1人の女性を出してしまうとイメー
ジが固定され、そのモデルに対する好き嫌いが商品に対する印象と重
なってしまうという弊害があります。

　そうしたマイナスを防ぐためにも、「想像させる」余地を残しておく
方法は有効です。

　モデルに対する好き嫌いを防ぐために1人ではなく3人以上のモデル
を出すことにしている会社もあります。

　私も、ヘアケア商品のウェブサイトでキービジュアルをつくったと
き、モデルの顔で偏った印象を持たれないように、わざと後ろ向きの
女性モデルの写真素材を使ったことがあります。

　大手の化粧品メーカーや服飾ブランドでは、有名タレントを起用す
るのでなければ、外国人女性のモデルを起用することがほとんどです。

　最近では無料素材のバリエーションが増えているので、中小企業で
あってもコストをかけずに外国人モデルを登場させることもできます。

　しかし、なぜユーザーと重なる日本人ではなく、リアリティのない
外国人を起用するのでしょうか。これにはいろいろな理由があります。

　まず、日本人モデルを起用するとどうなるでしょうか。

　たしかにリアリティは出るのですが、それだけに商品が化粧品なら
メイクのノリや肌のキメ、テイストが気になります。服飾関連であれ

ば、体型の見え方や着こなしがどうしても目につくでしょう。

もっと問題なのは、日本人モデルは身近な顔であるため、先に書いたように見る人ごとに「この顔は好き、嫌い」、「このヘアスタイル（メイク）は好き、嫌い」という、商品そのものとは別の部分で印象や好感度、嫌悪感がついてしまうことです。

こうした現象をさけるために、複数のモデルを出演させるわけです。それであれば、お客様は自分の好みやイメージに近いモデルを勝手に選び、「そうよね、こっちの着こなしは好きかも」と納得してくれるのです。

大手企業であっても、このようなちょっとしたリスクはユーザーの数だけ積み重なりますし、中小企業もなけなしのおカネと時間をかけて撮影して嫌われることもある、というのでは割に合いません。

外国人モデルであれば以上のような問題をさけることができるのです。撮影をする場合でも、無料や低価格の素材を買い取る場合でも、少し時間をかければよい外見のモデルが見つかりやすいともいえます。

服飾関係の方なら、手足が長くスタイルのよい外国人に来てもらったほうが商品も映えるから、と考えることもあるでしょう。

●生物（昆虫／動物）、植物

生物全般は、人に次ぐ存在感を出すことができます。

また、昆虫・動物には、小さい（アリ、ハチドリなど）、速い（チーターなど）、飛ぶ（ツバメ、蝶など）などの特徴がありますから、商品のベネフィットになぞらえてビジュアルにすることもできます。

かつて、付せんの接着技術を表現するために、蝶にくっついて運ばれる花粉の粘着の知恵にたとえて広告をつくったことがありました。

●タイポグラフィ

前項ではキーワードをキービジュアルにする絵づくりを紹介しましたが、単純に文字を出すだけではインパクトが出せません。

同じくキャッチコピーなど文字メッセージを主役にするとしても、より強調して、印象的に見せる方法について考えてみましょう。

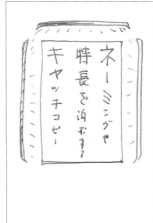

▶キーワードを印象的に見せる

・黒板に書く、ホワイトボードに書く
・回覧板にする
・千社札にする
・居酒屋の壁のメニューにする
・手紙（ラブレター）にする
・ヒッチハイクの行き先ボードにする
・花文字にする
・書籍にして表紙や本文で見せる
・ナンバープレートにする
・道路交通標識にする
・シーリングワックスにする（封筒などを蝋で封緘するもの）
・ビスケットの文字で描く
・仕掛け花火にする
・手話で表現しているシーン

●マンガ

　近年、「マンガでわかる○○○」というタイトルを冠してビジネス書が出版され、人気を集めています。少しフクザツな内容でもマンガなら親しみやすく、やさしく理解できることが理由です。

　キービジュアルでいえば、伝えたい内容が2、3コマ以上の展開でなければ表現できないような場合でも、マンガを使うとわかりやすく描くことができます。

　2コマならビフォーアフターですし、3コマなら序・破・急、4コマなら起承転結をストーリーに描くイメージで考えることもできるでしょう。より少ないコマ数のほうが表現としてはシンプルになりますし、一覧性も高まるのでオススメです。

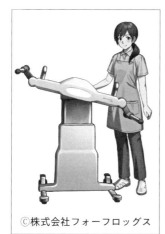

©株式会社フォーフロッグス

　マンガ風の表現手法としてはイラスト（オリジナル／素材）、影絵、CG、AI生成など、いろいろあります。

　影、シルエットの使い方としては、おとなしい人の影が悪魔のシルエットになっていて本性がわかる、というような表現も可能です。

　上記右の作例は、ビジネスでプレゼンテーションする人から伸びた

影で本質（この場合は、本当は音楽で生きていきたい）を表しています。

その他のキービジュアル素材のヒント

　違和感があるビジュアルや非日常的なシーンは、広告が追い求めているものです。ハリウッド映画などでも常にそれを追求しています。

　クルマ（タイムマシン）が走り抜けたあとの轍（わだち）から炎が立ち上るという映画の演出がありましたが、そうしたインパクトですね（日本の映像制作スタッフがそれと同じ演出をしてテレビCMをつくったところ、本家からクレームの電話をもらったそうです）。

　そのほかにも、映画には印象的なシーンがよく出てきます。また、身近で非日常的なシチュエーションとしては、結婚式や誕生パーティ、卒業式、教会ミサなども活用できるでしょう。

▶商品の見せ場所
机上　デスク（雑貨小物など）や家具の上に置く
街角　ビル街など街角を背景にする
現場　商品が使われる典型的な場所で撮る
自然　草原や森林などを背景にする
宇宙　宇宙空間に商品などを置く

　麦茶飲料の広告キャンペーンとして、夏向きのキービジュアルを考えたときの失敗事例を書きます。

　夏に麦茶なので涼しさを出そうと思い、茶飲料の缶の背景に、薄いブルーの水槽に金魚が数匹泳いでいるところを合成する、という表現を提案しました。

　すると、担当者は「口にする飲料だから」とのことで不採用となり、結局は縁台の上に置いて撮るという普通のシーンになりました。

　攻めた表現を好む企業だからいけると思ったのですが、残念でした。

▶その他のヒント
・商品を旧型テレビの画面に映し出す
・商品の形状を魚拓風にして見せる
・商品の構成要素をプラモデルのパーツ風にする

図解・グラフのうまい活用法

　私はよく授業の資料などでシンプルな三角形を使います。

　例えば、市場ボリュームが大きいもの（三角形の底辺）からニッチな市場（頂点寄り）を表したり、山に見立てて頂点への道順を示したり、3つの大切な要素をそろえれば安定します、と言って（撮影機材の）三脚になぞらえたりしています。

　シンプルな図形であればわかりやすく説明できますし、見ているほうも理解しやすいのではないかと思います。

●わかりやすく図解で見せるコツ

・単純化する

　手元のノートなどに何度も描いては修正してムダを削り、読み手が初見でもすんなりと理解できるようにシンプル化することが大切です。フクザツな図では、図解にした意味がありません。

・伝えたいポイントを絞る

　図解に多くの情報や意味を詰め込むと、読み手は混乱することになります。伝えたいポイントを絞り込んで明確にし、それを際立たせる図解を心がけましょう。チャート図なども、意味を考えて強弱や本流・傍流の差をつけて表現するようにしましょう。

・読み手の立場から考える

　読み手にとって必要な情報を最優先にするとともに、それがわかりやすいように表現することが重要です。予備知識がない人にも理解してもらうためにはどう伝えたらよいか、相手の立場を想像しながら図

を起こしましょう。

▶図で表現する7つの関係性
(1) 順番、連環
(2) 原因と結果、影響、分解
(3) 包含、共通（ベン図）
(4) 階層、核心
(5) 敵対、衝突
(6) マトリクス図（2軸での位置）
(7) グラフ

(1) 順番　　　　　　連環　　　　　　(2) 原因と結果

 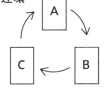 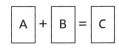

(3) 包含　　　　(4) 階層　　　　(5) 敵対

  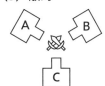

(6) マトリクス　　(7) グラフ

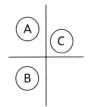 

これらのような典型的な図のほかにも、性格診断などで見るYes・Noチャートや、イベントなどのスケジュールを示すガントチャート、事象を細分化して把握するためのイシューツリーやフィッシュボーンなどもあります。

■図解していく手順

> ①要素を書き出してみる
> ②それらの関係性を考えてみる
> 　（原因と結果、包含関係、ビフォーアフターなど）
> ③とにかく並べてみる
> 　（丸、四角、三角などで囲む）
> ④矢印をつけてみる
> 　　↓↓←→
> ⑤図らしくなる！

　矢印をつけると一気に図解らしくなりますが、その矢印は何を意味しているのかはきちんと考えておく必要があります。

　属している関係なのか、原因と結果なのか、移行していく対象なのか。そこを曖昧にしていると、見るほうも意味を受け止めることができません。

グラフにすると伝わりやすくなる

　グラフはデータ・サイズの比較や変化を棒グラフの長さや、バブル（丸）の面積など視覚的なボリュームで見せるもので、数字を並べたものに比べて一瞬で理解してもらえます。

さらに広告表現では、「6倍up！」や「145％達成！」のような数字も隣に大きく載せるなどして、チラリと見ただけでも理解できてしまうくらいのしつこさ、いいえ親切さを込めることが大切です。

　また、同じ棒グラフでも積層タイプにし、商品をアイコンにして積み重ねて表現するなどもできます。
　例えば、工務店、ハウスメーカーが建設実績をアピールするなら、住宅のアイコンを重ねてグラフにすると当を得たものになるでしょう。

表現目的とグラフの選び方

①複数の数量比較……………→棒グラフ

②時系列の変化………………→折れ線グラフ

③全体に占める割合…………→円グラフ

④2項目の相関関係 …………→散布図

⑤項目別の評価………………→レーダーチャート

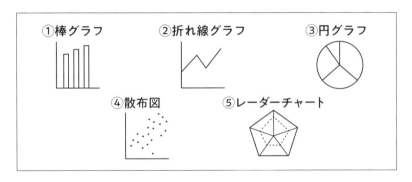

① 棒グラフ ② 折れ線グラフ ③ 円グラフ

④ 散布図 ⑤ レーダーチャート

【例】 ①餃子への支出ランキング

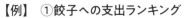
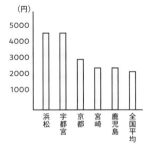

②鶏卵の価格変化

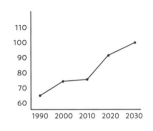

③日本人の血液型分布

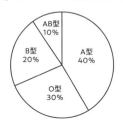

④血圧と血糖値の関係

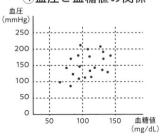

⑤コーンフレークが満たす栄養素

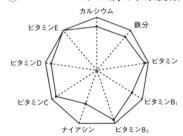

このほかに積層棒グラフ（割合を見せながら全体数量の推移を表現）やバブルチャート（マトリクス内の位置と数量を円のサイズで表現）などもありますので、表現目的に適した最適なグラフを選びましょう。

　ただし、お客様に見てもらうキービジュアルですので、フクザツすぎるグラフはオススメしません。

　企業の年度別の業績と利益率を表現するような場合、棒グラフと折れ線グラフを組み合わせるパターンもあります。IR資料などではよいのですが、読みとることに時間がかかるグラフは本末転倒です。

　グラフに使用する色数は少ないほうがいいことなどについては213ページに書いていますので参考にしてください。

　また、訴求力を強めるためにグラフを3Dにした表現もよく見ますが、むしろ平面的なグラフにしておくほうが余分な情報がないぶん、見やすいことが多いといえます。

　成功のケースと失敗のケースとの比率を出すような場合、成功の面積部分に濃い色をつけたり、やや立体的にして目立たせるようにしてポジティブな情報にすることはよくあるようです。

　また、奨励はしませんが、グラフは目盛りの取り方などによって見え方、受け取り方が大きく変わります。

　例えば、メモリを0からとるか、それとも途中からにするかでまったく変わるのです。

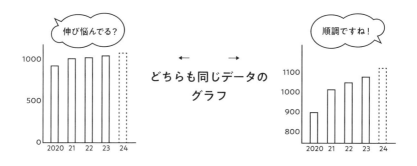

フリー素材の見つけ方

　かつては簡単な商品撮影でもプロのカメラマンに依頼してスタジオで撮っていたものですが、近年は社内でデジカメなどを使って撮影することがほとんどでしょう。

　デジカメやスマホのカメラ画素数も十分に高くなっており、カメラ機材メーカーが専用の簡易な撮影キットや照明などを販売しているので、環境も整っているといえます。

　商品撮影以外の写真も社内の人が撮影したり、イラストを描き起こすことができればよいのですが、時間や技術の問題でなかなかそうもいきません。

　そんなときに便利なのが写真やイラストの素材を集めたサイトです。

　フリー素材を探したいときは「フリー素材」のキーワードでGoogle検索をしてください。検索結果や広告（スポンサーと表示される）にさまざまなサイトが表示されます。

　こうしたサイトは「有料／無料」に分かれ、さらに無料のサイトは「商用利用可／不可」に分かれます。サイトによっては、クレジット（サイト名称や撮影者／作者名）を明記することが条件になっていることもあります。

　画像素材としては、「写真のみ／イラストのみ／両方あり」となりますので、用途に合わせて選択してください。

　使用時の選択肢としては、「無料素材→有料素材→CG→撮影」という順番になるでしょうか。

各サイトには検索ボックスがありますので、必要なシーンのキーワードで検索します。狙い通りの素材が表示されないときは、検索キーワードを工夫して検索し直してみてください。

　素人写真家がアルバイトとして投稿しているサイトなどは、日々、さまざまな素材が増えていきますので、かなり限定的なシーンでも見つかることがあります。

　次に、いくつか代表的な素材サイトをご紹介しておきます。

●趣味の写真家も投稿している有料素材サイトではPIXTA（ピクスタ）が有名です。写真1点ごとに購入できますし、定額制のプランもあります。

　→「PIXTA（ピクスタ）」　https://pixta.jp/

●海外テイストの高品位な写真を無料でダウンロードできるのが、ODAN（オーダン）です。海外の素材サイトのいくつかを横断的に検索することができ、効率的に素材を探すことができます。ユーザー登録が不要な上、商用利用可の写真素材が見つかります。

　→「ODAN（オーダン）」　https://o-dan.net/ja/

●登録するだけで、無料で高画質な写真素材を使用することができるのが「PAKUTASO（パクタソ）」です。日本のビジネスシーンなどの素材も充実しています。

→「PAKUTASO（パクタソ）」https://www.pakutaso.com/

●点数に制約はありますが、高品質な写真素材を利用できるのが「Adobe　Stock」です。

→ 「Adobe　Stock（アドビ　ストック）」

https://stock.adobe.com/jp/

●あなたもきっと見たことのある、作家性が高くかわいいタッチのイラストを無料でダウンロードできるサイトが「いらすとや」です。常に新作イラストが追加されているようで、かなり細かいシチュエーションの注文にもぴったりの作品を見つけることができます。私も大学の講義資料作成のときによく使わせてもらっています。

→ 「かわいいフリー素材集　いらすとや」

https://www.irasutoya.com/

そのほかにも数多くの素材サイトがあります。なかには食品や風景に特化するなど、専門性の高いサイトもあります。あなたのビジネスにマッチするサイトを探してみてください。

サムネイルからはじめよう

　ここでいうサムネイルとは、キービジュアルのアイデアを練るときに、その骨子を紙に小さく描き出してみるスケッチのことです。

　一般的には画像の小さな見本表示を指したり、最近ではYouTubeの動画コンテンツの内容を伝えるアイコンを指すことが増えていますが、本書では広告業界における用語の意味で使っています。

　ここまで、私のヘタな走り描きを見ていただきましたように、サムネイルはマンガの下描きや落書きのようなラフな手描きでよく、簡単な線で表現します。

サムネイルの例

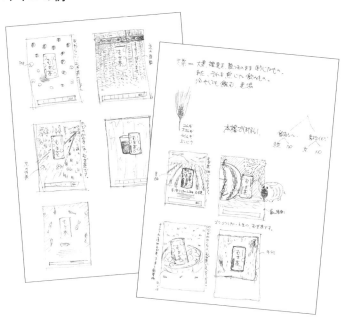

テレビCM絵コンテの例

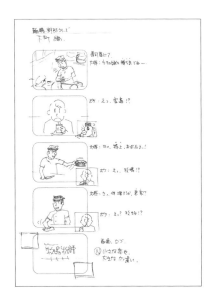

　アイデアを思いついたらすぐに画像素材を探したり、パワーポイントなどの画面づくりに進むのではなく、まずはそれで見込み客に意図が伝わるかどうかを検討します。

　そして、できるだけ多くのアイデアを出し、効果的な候補案に絞り込んでいきます。それらをサムネイルに描き出し、周囲で受け入れられるかどうかを試していきます。

　手順としては、以下のように考えてみてください。

●サムネイルからデザイン発注まで

何を表現するかを明確にする（商品のウリやベネフィットなど）

↓

例や素材のパターンを参考に小さく描いてみる（4、5章を参照）

↓

●スクリーニングのヒント

▶ターゲット層に合うか

対象者の中心になる年齢層、趣味・嗜好などのテイストなどを考慮し、表現内容が刺さるか、理解してもらえるかどうかを検討する。

若年層であればアニメ素材を使ったり、中高年であれば落ち着いた色調にするなどの点についても留意する。

▶媒体に合うか

露出する媒体がウェブなのか、紙のフライヤーなのか、どんな見られ方をするのかなどを考慮する。それにより、キービジュアルをシンプルにしたり、文字量を増減したりする。

↓

別のスタッフに説明してフィードバックを得ることでブラッシュアップし、よりよい表現案に改善していく（キレイに描きなおさなくていい。消せるボールペンなどを使って修正していく）。

↓

2～3案程度に絞って会議などで合意を得て1案に集約し、大きめの紙に清書するか、パワーポイントなどで要素を置いて、ラフ案に仕上げる。

↓

社内(スタッフ間)でOKとなったらビジュアル作成をどうするか(無料素材か、イラスト描きおこしか、など)を決め、テキスト要素をそろえてデザイナーへ発注する。

外注するにしても社内で制作に挑戦するにしても、Googleで画像検索をして、クリエイティブの参考例を数多く見ておくとよいと思います。

　例えばウェブサイトのキービジュアルを考えるのであれば、「ウェブサイト＿デザイン集」や「ランディングページ＿参考例」などのキーワードで画像検索してみてください。

　ふだんからたくさんのウェブサイトを見ているはずですが、自社サイトのデザインやトーンをどう考えるかという問題意識を持った上で見るデザインからはいろいろ学べることがあるでしょう。

抽象度をチューニングしよう

　キービジュアルを選択するとき、抽象度をどの程度にするかを意識すると商品との親和性が高い広告表現をつくることができます。

　最寄り品と買い回り品は、その基準の一つになります。

　広告表現を選択するとき、最寄り品なのに現実ばなれしたキービジュアルだと商品と結びつきづらくなります。「現実ばなれ」とは、高級すぎるイメージや芸術的な表現などのことです。

　ティッシュペーパーの広告や店頭POPの表現が、あまりにも高尚であれば違和感を持ってしまうでしょう。反対に、キービジュアルが一般家庭のキッチンのシーンだったなら、その生活感からリアリティが出ます。

　一方、こだわって購入する買回品の広告が安っぽいと、商品イメージを毀損することになります。（せっかく高額を出して購入するものなのに）と、認知的不協和を起こしかねません。

　こうした商品の性質を前提として意識しておく必要があります。

　また、商品を何かに「たとえる」のはメリットを素早く理解してもらうための手法です。けれども、このたとえがいきすぎたり、商品か

らはなれすぎると、誤解につながることがあります。

　つまり、見込み客がたとえたものをそのまま受け取ってしまうのです。

　これについては132ページを参照してください。

第 **5** 章

レイアウトは
このツボだけ押さえる

デザインの素人でも
このパターンを知れば
レイアウト、デザインができる、
発注できる。

構図・レイアウトは
この6パターンを使う

　レイアウトを考えるときに前提として確認しておきたいのは、いちばんに訴求したいアイテムやメッセージは何かということです。

　ウリを特定してキービジュアルを考える段階で、コンセプトをつくったことを思い出してください。このコンセプトを読み返すことで、強調して目立たせたい要素がはっきりします。

　多くの場合、レイアウトの材料となるものは＜キービジュアル、キャッチコピー、商品写真、説明文、社名・住所＞などでしょう。

　プロのデザイナーなら、シンメトリー（左右対称）や、黄金比、大胆な余白などのテクニックを駆使してレイアウトするかもしれません。

　しかし私たちは、いちばん目立たせたいものを大きくして真ん中に入れる、という定番だけでも十分です。

　このとき注意したいのは、メリハリをつけるということ。どこにポイントを持ってきて、アイキャッチをするのか？　を意識して決めてください。

メインの要素をレイアウトするパターン例

★1★ 大きく中央に置く

　主役となる要素がキービジュアルであればそれを、キャッチコピーや商品写真がメインとなるならそれを、大きくしてど真ん中に置きます。

　目立たせたいもの以外の要素は小さくすることでコントラストを出し、何を見てもらいたいのかというメッセージ性をわかりやすくする

シンプルな考え方です。

　画面（紙面）全体を埋め尽くすように、主役の要素を全面に入れてしまってもいいかもしれません。

★2★　余白を活かす

　前の①とは異なり、要素を小さく置くものです。中央に主役をポンと置いてもいいですし、あえて紙面（画面）の端に追いやって違和感を増幅させるのもよいでしょう。

　よいデザイナーとは、余白を上手に活かすデザイナーです。

　必然的に余白の面積が増えますが、この余白は主役を目立たせる空間として機能します。余白が、見やすさ、読みやすさを演出してくれるのです。

　とくにアパレルや化粧品などは、このような思い切ったシンプルな演出が向いているといえます。

　また、こうした手法も、掲載するべきもともとの情報量が少なければ選択しやすくなります。

　多くの情報がひしめき合う紙面ですと、当然のことながらスーパーマーケットのチラシのようになります。今日、買わなければならない玉子の値段を気にするお客様は探してでも見てくれますが、一般的な商品ではそうはいきません。

　価格勝負のチラシのようにならないためには、いらない情報を掲載しないという取捨選択も重要になります。

★3★ 対比にする

　AとBとを対にして並べるものです。表す内容としては、AvsBでもいいですし、AとBが連携することでも、AからBへと変化することでもいいでしょう。

　2コマ漫画のようにストーリー的に活用するのも一つのやり方ですが、そのように物語性が発生するのも、このレイアウトの特長です。

　古来、名言・金言には対句の形式をとるものが多くあります※が、このレイアウトに付されるキャッチコピーも対句とすることで名言らしくなることもあります。
※「天は人の上に人を造らず、人の下に人を造らず」（福沢諭吉）のような名言です。

★4★ 順番に並べる

　キレイなデザイン処理をしてもらえるよう、あとでデザイナーに発注するとしても、その前に見込み客へ伝えたい順番を考えておくことは必要です。

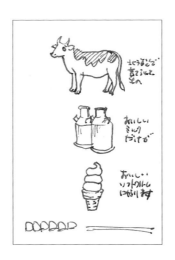

　一般的に、人の視線は左上からスタートするとされ、チラシなどではＺ型、ウェブサイトではＦ型で移動するといわれます（タテ書きな

ら逆Ｎ型）。視線の自然な流れに沿ったレイアウトであれば、お客様も「どう見たらよいのか」と迷子にならずにすみます。

このことを意識すると、最初に見てほしいアイテムは左上部分に置くということになります。

ただ、自販機に関しておこなわれたアイトラッキング調査（視線の移動を記録・分析する手法）では、購入者は商品ラインナップの左下をよく見ているという結果が出ています。

また、ファミレスやカラオケボックスなどの大きなメニューでは、下側（自分に近い場所）にレイアウトされたアイテムの注文ポイントが高くなるというデータがあります。

★5★ 整列させる

数の多い商品バリエーションなどの要素を、標本のように整列させて並べるものです。

商品メニューや、商品をたとえた何かの一覧を見せるということですが、並べる以上はデザイン上の遊びだけではなく、納得のいく理由が必要です。

趣味性の高い人気アイテムや、メジャーな観光地の名産品一覧のように「じっくり見ることが楽しみ」という性質の内容であればオススメです。

また、キレイに並んでいるのでつまらないなと思ったら、あえて自由に置いたり、左右非対称にレイアウトするのも、おもしろいかもしれません。

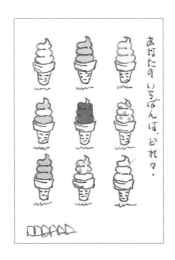

★6★ 際立たせる

　何らかの処理をくわえることによって、主役が強力に目立つように
メリハリをつけるやり方です。

　枠で囲む、主役だけをカラーにしてその他はモノクロにするなど、い
ろいろな方法があります。これは171ページで書いたキービジュアル素
材のアイデアの項目も参照してください。

NG例も挙げておきます。

　下の作例ではビジュアルやキャッチコピーなどの要素が、いずれも「中ぐらいのサイズ」でレイアウトされており、どれが重要な情報なのかが判然としません。

　いちばんよくないのは、中くらいのサイズの要素を、パラパラとレイアウトすることです。どこに注目して見ればいいのか、考えることをあきらめさせるデザインになってしまいます。

　重要なものは大きく、その他は小さく。極端になるくらいメリハリをつけ、できれば余白も設けることでコミュニケーションはより効率化するはずです。

　レイアウトには、お客様の心情を理解し、寄り添うような配慮が求められます。

　ときには合理的に、またときには個性的に。お客様にはどれくらいの情報や知識があり、どう見せて説明をするとちょうど過不足がないのか。

　商品の性質によって、適合するレイアウトも変わってくるものだといえます。

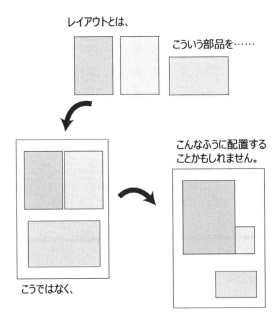

レイアウトとは、

こういう部品を……

こんなふうに配置する
ことかもしれません。

こうではなく、

写真をレイアウトする10のヒント

　メインとして扱いたいキービジュアルが写真である場合、どのようなレイアウトパターンがあるでしょうか。

　多くの場合は写真を四角いままレイアウトすると思います。それは、「角版で使う」というものです。その反対は「切り抜きで使う」。つまり、背景を消してしまって、使いたいメインのアイテムだけを残すやり方です。

　そして、角版でもどのように置くかによって、次のような10種類のレイアウトのバリエーションが考えられます。

　もちろん、これら以外にも効果的な方法はあると思いますので、ネットや街で見かけた広告の表現をストックして、参考にしてみてください。

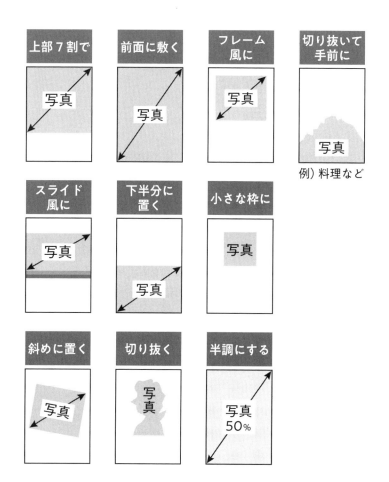

写真を全面に敷いたときなどは、写真のなかにキャッチコピーなどをレイアウトすることになります。いろいろな要素が映り込んで混雑している写真に文字を載せると、読みづらくなります。

そのため、写真の色調を濃くした帯を写真の上に敷いてキャッチコピーを載せたり、反対に写真を明るく飛ばしたところへキャッチコピーを載せるなど、読みやすくする工夫が必要です。

■切り抜くレイアウト例

・切り抜く

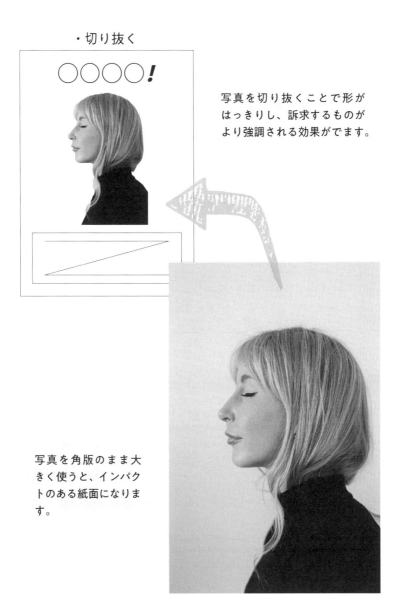

写真を切り抜くことで形が
はっきりし、訴求するものが
より強調される効果がでます。

写真を角版のまま大
きく使うと、インパク
トのある紙面になりま
す。

デザイン処理はこれを守ればOK

　デザイナーといっても、最近は必ずしもデザインの専門学校や美術系大学を卒業して職に就くとは限りません。また、大きなデザイン事務所で先輩デザイナーの指導を受けて仕事の基礎をつかんでいくという時代でもなくなってきています。

　ウェブデザインではとくにその傾向が強く、「前職は事務をやっていました」というような人と遭遇する機会が増えました。

　まったく経験がなかったけれど、YouTube動画を見てデザインを学んだり、社内の事情でやむをえずウェブデザインをはじめました、という人も少なくないせいか、基本ルールが守られていないデザインも散見されます。

　しかし、いろいろな才能が入ってきていることで、デザインのレベル自体は非常に高くなったということも事実です。

デザイナーが最初に学ぶルール

　デザインのルール自体はそれほど難解なものではありませんし、これを知っていれば営業資料やプレゼンテーション用の資料などをつくるときにもとても見やすく説得力の高い資料を作成することができます。

　「ルール」といっても人によって異なりますし、ルールを守ることで「整っていてよい」とある人は評価する一方、ある人は「単調だ」と受け止めたりするように、感覚と趣味の世界でもあります。

とはいえ、誤字・脱字のある資料が信用できないのと同じく、グラフが変な資料や写真がはみ出しているような資料では、説得力に欠けると見られてしまうこともあるでしょう。

まず、実例を見ながらデザインの基本ルールを確認していきましょう。

広告表現の基本的なルール

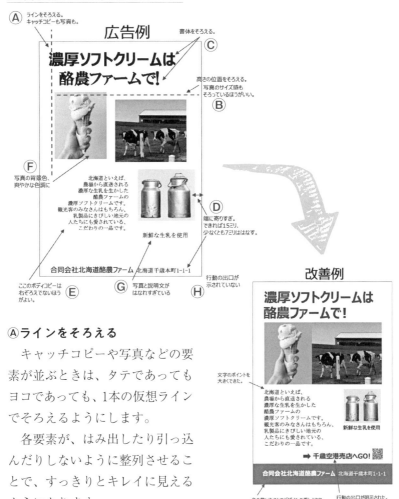

Ⓐラインをそろえる

キャッチコピーや写真などの要素が並ぶときは、タテであってもヨコであっても、1本の仮想ラインでそろえるようにします。

各要素が、はみ出したり引っ込んだりしないように整列させることで、すっきりとキレイに見えるようになります。

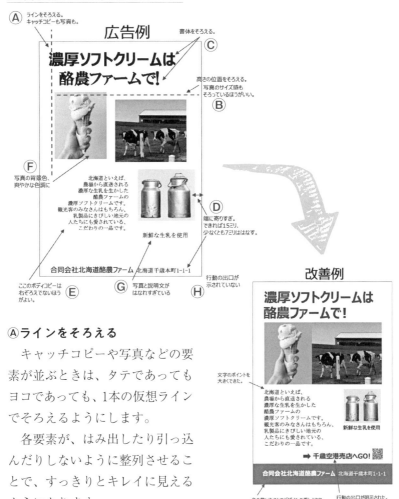

Ⓑ要素のサイズ感を合わせる

　写真が2枚以上、並ぶときには天地・左右サイズなどを同じにすると、まとまって見やすくなります。

Ⓒ**書体をそろえる＆絞る**

　フォントは、一般的にはゴシック系と明朝系が基本となりますが、それぞれ性質がありますので、それを理解した上で選択します。

　使用するフォントは多くても2種類程度に抑えます。例えばキャッチコピーやタイトル周りはゴシック、本文などは明朝、のようにベースとアクセントを使い分けるのです。

●書体の与えるイメージ

明朝体 ——————— まじめ、洗練、権威的＜可読性〇＞

ゴシック体 ——————— 明解な、元気、無機質＜可視性〇＞

丸ゴシック体 —————— 陽気、かわいい

毛筆体 —————————— 本格、伝統、和風

手書き —————————— カジュアル、親しみやすい

　いずれの書体も、太くしていくと男性的、強い、重厚なイメージが出てきます。反対に細くすると女性的、都会的、繊細なイメージとなります。

　こうした性質を考慮した表現により、メッセージの内容を伝わりやすくすることができます。

　ある支援先企業で実際に起きたことです。

　その会社は、手書きでつくったフライヤーを印刷してポスティングをしていました。

　あるとき手書きをやめてワープロ文字に変えてポスティングをした

ところ、問い合わせの反応率が大きく下がったのです。やはり、素朴な手描きフライヤーから伝わる信頼感というものもあるのだと思いました。

　文字のポイント（サイズ）は小さくすると、デザイン的にはカッコいいけれど、読みにくくなることもあります。とくに対象者が高齢者である場合は文字ポイントを大きくするなど、できるだけ不便なく読めるよう可読性を高める努力が必要です。
　また、文字の色もベースの色と利かせ色など、2種類程度までに絞るほうがよいでしょう。

Ⓓ端に寄りすぎない
　4辺のエッジに寄りすぎると、整ったデザインでないと見られてしまいます。
　各要素は、できればエッジから10〜15ミリ程度、最低でも7ミリ以上はなすようにしましょう。

Ⓔボディコピーは読みやすく
　広告例では右ぞろえになっているものを左ぞろえに変更しました。これはボディコピーの始点が左側に寄っているからです。
　これが右側に置かれていたら右ぞろえのほうがいいでしょうし、中央に置かれていたらセンターぞろえにするところです。

　ただし、以上は明解なルールというものではなく、場合によって異なります。迷ったら一定の左右幅で折り返す、ごくふつうの文字組みにしてください。

Ⓕ色指定はイメージに合わせる
　広告例ではソフトクリーム写真の背景色が暖色系になっていました。
　商品の性質からして、ここは寒色系のさわやかな色のほうが合うでしょう。キャッチコピーの色指定も同様です。

商品のイメージやコーポレートカラー、季節感などを考慮して配色を決めましょう。

　とにかくサイズで目を引くか、色地の抜き文字で目立たせるなどの手法が普遍的であるといえそうです。
　そして、小さめな情報はまとめておくと、詳しく知りたいと思った人にとっては見やすく感じられます。色の使い方については213ページもお読みください。

Ⓖ情報のセットは近くに置く
　写真とそのキャプションなど、対応する情報はひとまとまりとして見てもらえるように近づけてレイアウトします。
　商品とその説明なども同様で、情報のセットはわかりやすいように近くに置くようにします。
　「図と説明文」や「写真と説明文」というグループはぴったり近づけ、仲間だとわかるようにします。

Ⓗ行動の出口を明解に示す
　この広告を見てくれた人に、どのような行動をとってほしいのかを明示しておく必要があります。
　広告をクリックしてウェブサイトを訪問してほしいのか、実店舗へ来てほしいのか、キャンペーンに応募してほしいのか、など。
　広告の役割として、お客様の行動の出口がイヤでもわかるように目立つ処理で提示されていることが重要です。

　以上のような基本的なルールに気をつけるだけで、広告はもちろん、パワーポイントなどで作成する資料のデザインもグッとよくなるはずです。
　さらに高等なデザインについては専門の書籍を読んでください。

さらに味付けとなるデザインのヒント

①視点／角度を変える

例えば、キービジュアルやキャッチコピー、写真などの要素を、正対ではなく斜めに置いてみるのです。

あるいは、ビフォーアフターを見せる際などに、画面を斜めにカットし、左上が右下へと変化する、という構成にすることもできます。

カジュアルな雰囲気が出て、ブランドのイメージも行動的なものへと変化するかもしれません。

②写真のトーンを変えてみる

これは写真の色調を例えば40%〜60%程度に落としてうすくしてみるというやり方です。とくに背景写真などをうすくすると、適度に存在感が減り、ちょうどよいイメージをつくることができたりします。

また、切り抜きの写真であれば、影をつけることで立体的に見えたりもします。

③デザイン要素を足してみる

アイキャッチャーとなるマークやアイコンを、デザイン要素としてあしらうのです。

例えば、ハートマークやキスマーク、音符マーク、4月なら桜の花びら、その他の花、四葉のクローバー、プレゼント系ならリボンや誕生日ケーキ、乾杯しているワイングラスなどです。

何を入れたら映えるのか迷ったら、SNSなどで使用される絵文字、アイコンからヒントを得るのはいかがでしょうか。

また、メリットなどをアイコンで図示し、説明文の頭に置くとより高性能に見えます。

受賞歴があるなら、王冠やメダルマークを、金色に見えるベージュ

の色指定をすると効果的です。

④キャッチコピーを吹き出しにしてみる

　商品がみずから語っているように見えて、キャラクター性も出てきます。色を敷いた吹き出しに抜き文字で入れると、より目立たせることができます。

⑤文様をあしらってみる

　江戸時代から伝わる文様には、それぞれ意味があります。

　例えば、歌舞伎俳優の市川團十郎で知られる市松文様は事業発展、ウロコ文様は魔除け、麻の葉文様は子供の成長、亀甲文様は長寿など。

　商品に適したおめでたい文様を背景に少しだけあしらうと、それだけで伝統に裏打ちされた意味性が加わるのです。

⑥背景に何かを敷いてみる

　レイアウトの背景に、例えばドット（水玉模様）を敷くとポップな感じになります。また、原稿用紙をうすく敷けば文学的な雰囲気に、そのほかでもケイ線や設計図、天気図など関連する意味を持つ素材を敷くと、紙面（画面）が引き締まる効果もあります。

効果的な色の使い方

　あなたのつくったキービジュアルを、もっとも活かすことのできる色の使い方とはどのようなものでしょうか。

　それを考える前に、他分野の参考事例として、外食産業の看板を思い出してみてください。デニーズでもマクドナルドでも、吉野家でもけっこうです。

　いかがでしょうか。まず、外食産業なので暖色系が多いことに気づくと思います。いずれも、黄色地の上に赤いロゴ・マークが載っていたり、オレンジの地色に黒いロゴ・マーク、あるいは赤地に黄色いロゴ・マークなどでしょう。

　そして白い看板は、ほぼないということを確認してください。白い看板とは、白地に店名ロゴ・マークが黒文字などで載せられているデザインのことです。これは近所にある個人店のお蕎麦屋さんですね。

全体に色を敷いて抜き文字にすると目立つ

　先に挙げた3チェーン以外でも同様です。モスバーガーやサイゼリヤは緑地に白抜きロゴ・マークや赤いロゴ・マークですね。

　くら寿司やスシローなどが、和食と清潔感を強調するために白地にしている以外は、ほとんどの看板が全体に色を敷いたものになっています。

　これらは、外食各社が創立以来、試行錯誤を重ねた結果、遠くからでも目立ち、認識してもらいやすいカラーリングとは何かの解答を導

き出した結果です。

　これを一般の広告デザインに当てはめると、小さめのスペース広告（ウェブのバナー広告など）はもちろん、フライヤーやパッケージでも、ページもののカタログの表紙でも、まずは全体に色を塗ったほうが目立つし、存在感が出せるということなのです。

　限定的に採用するとしても、目立たせたいタイトル部分は帯状に色を敷いて、キャッチコピーやタイトルを抜き文字で載せるという処理などができます。

色を控えることで重要部分は伝わる

　使用する色の数を抑えると情報は伝わりやすくなります。

　ウェブページやスライド資料などで5色以上を使うとノイズなデザインに見えてしまい、受け入れ度合いが下がってしまうのです。

　具体的な色の合計数としては2、3種類以内に収めると情報量が少なくなり、コミュニケーション効率が高まります。

　基本的に色の数は次のような範囲に抑えるとよいでしょう。

> 「基礎色（文字色／黒など）＋ メイン色（全体トーン）
> ＋ 利かせ色（味つけ／2色まで）」

　営業資料などの場合でも、同系色でまとめると整理されて見やすくなり、強調したい事項がより明確になります。

　例えば、棒グラフをつくるとき、5本の棒のそれぞれに原色を当てはめるとどうなるでしょうか。赤、青、黄、緑、黒などとなって、目がチカチカしてきます。

　このようなときは、いちばん目立たせたい棒の色のみを、やや暗めのオレンジなどにし、その他の4本をグレートーンか、オレンジ色の補

色である青味がかったグリーンの中間トーンから薄い色のいずれかでまとめるとぐんと見やすくなります。

　何がこのグラフの主役＝見てほしい部分なのかも一瞬でわかってもらうことができ、コミュニケーションが成立します。

色が伝える意味とコーポレートカラー

　色には個別の意味がありますので、それぞれの性質を考慮して使いこなすことができると心理的にも伝わりやすくなります。

　例えば、一般的にはチョコレートなら茶色系、精密さはブルー系などと認知されています。

　しかし、おいしいコーヒーの色はあるときこげ茶色からグリーンへと変化しました。もちろん、これはシアトル系コーヒーチェーンのマーケティング戦略が影響しているわけです。

■色が表す性質の例

赤	おいしい
黄、橙	健康によさそうな
茶、黒	高級感のある
橙、桃	楽しい
青、白	さわやかな
茶、ベージュ	なつかしい
緑	環境によい
白	純粋な

　企業のコーポレートカラー、ロゴ・マーク色も、意図や想いを込めて決められています。自社の社業や取扱商品の性質を考慮して色を採用したり、ツールごとの色を選んでいるのです。

一般に、食品関連の企業は赤やオレンジなどの暖色系を採用しているケースが多いと思います。一方、電機・工業関連では青色、ネイビーブルーなどが目につきます。

　また、近年は環境を意識したグリーン系のロゴ・マークも増えているようです。

　あるいは、原色ではなく、中間色やにごった色調を使うのもよいと思います。

　もちろん、以上は傾向であり、当てはまらないカラーの企業も多くあります。いずれの色でも、決めたコーポレートカラーを、ブレずにいつも正確に同じ色を使うことをオススメします。

　発信する側の企業としては、同じ色ばかりでは飽きられてしまう（自分たちが飽きてしまう？）と考えたりするものですが、実際はそんなことはありません。

　いつも同じ色で発信を数年続けることで、ようやく（この色はあの会社かな？）と認識されるかどうかという程度なのです。

　ですから、はっきりと記憶、認識してもらえるように同じ色で飽きずに発信し続けてください。それこそがメッセージの統一であり、ひいては発信コストの削減につながるのです。

鍛冶屋のルーツを誇るコーポレートカラー

　コーポレートカラーを打ち出している企業の事例をご紹介します。

　新潟県三条市にある諏訪田製作所は、黒がコーポレートカラーとなっています。

■諏訪田製作所ホームページ

　そのため、同社は社屋や工場内、見学通路なども黒く塗られています。主力製品である爪切りを購入すると、真っ黒のバッグに入れてくれますし、展示会に出展するときの展示ブースも黒です。

　ちなみに、なぜコーポレートカラーを黒と決めているのかについては理由があります。

　諏訪田製作所は、もともとは鍛冶屋でした。鍛冶屋は、火の温度を見たり、火花が予期せぬところへ飛んでも気がつくように作業場を黒く塗っていたといいます。

　つまり、同社の黒は、そうした物語とルーツに基づくものなのです。そうした物語を聞くと、黒色もよりカッコよく見えてくるような気がします。

色のユニバーサルデザイン

　人によって見えている色は違うとされており、日本人男性の5%、女性の0.2%は特定の色を判別しづらいといわれています。

　一例として、色弱の人は背景色との関係で赤色が灰色に見えたり、黄

色の強い緑色が赤色に見えたり、また白内障の人は白と黄色が判別しづらかったりします。

　日頃から使う色を、色弱や色盲の人や目に疾患のある人にも見分けやすい色調へと置き換える推奨配色セットもあります。それらが掲載された、自治体や大学が発行しているガイドブックを参考にして色を選定すると、カラーユニバーサルデザインでの色指定をすることができます。

■カラーユニバーサルデザインのウェブサイト

※各色は下のQRコードからスマホ、パソコンなどで実際の色と説明をご覧いただけます。

私たちは色の専門家ではありませんので、明度・彩度・色相などの色の知識を深く理解する必要はないと思いますが、補色は知っておいたほうがいいでしょう。

　補色とは、色相環の円において正反対の位置にある色同士のことです。反対色とされることもあり（厳密には反対色ではない）、組み合わせて使うと明解なコントラストが出ます。

　そのため、広告表現の中で色を選ぶ際は、同系色か補色を選ぶと格好がつきやすくなると思います。

　ところで、打ち合わせの席で色選択の話をしていて迷うと、必ず「グラデーションにしてはどうか」という案が出ますが、これはオススメしません。

　グラデーションを使うと、たいがいはダサくなります。使いこなせるのはデザイン上級者だけですので、注意しましょう。

　また、この項では「やや暗めの色」や「にごった色」という書き方をしていますが、ストレートな原色よりにごった色のほうが大人っぽい仕上がりになります。

　パステルカラーなどの柔らかい中間色は、子供向け商品にはいいと思います。明るくはっきりした色より、少し墨を落としたようなトーンにするほうが、広告でも営業資料でも効果的だと思います（色で迷ったら、いっそモノクロにしてみてください）。

ゼロからのイラスト教室

　会議の際にホワイトボードで企画内容を説明したり、デザイナーやイラストレーターに発注したりするときに、サラサラとわかりやすいイラストが描けたらとても便利です。

　私自身も著書に自分が描いた説明用のイラストを掲載してもらったりしていますが、決して上手なわけではありません。ヘタでも味のあるイラストのタッチを持てたらいいと思っている修行中の身です。

　ある程度バランスのとれたイラストを描くためには、日頃から練習をすることが大切です。

　私は、自分の頭の中身を整理するためにも、よくノートでイラストや図（落書き?）を描いています。

　また、時間がとれないので私はやっていませんが、圧倒的に絵のうまい漫画家（鳥山明さん「ドラゴンボール」、小畑健さん「デスノート」など）の絵を写経のように写すのは、きっとよい練習になると思います。

こうすればイラストがうまく描ける?

　イラストは、身の回りのものを見るだけでも練習になると思います。

　というのも、絵のうまい人と私たちのいちばんの違いは、日頃からあらゆる事物をきちんと見ているか見ていないか、という点だからです。

　絵のうまい人が、お題を出されたらすぐに描けるのは、日頃からその対象物をじっくり観察しているからなのです。

美術系大学の授業なら、目の前のモデルさんをその場でデッサンしたりするのでしょうが、立体物を目視してイチから描くことにはとても技術が求められます。

　そこで、苦手意識のある人は目の前の商品や写真を見て描くのではなく、既存の「イラスト」を見ながらマネをして描いてみてください。立体物や写真をイラストに起こすのはむずかしくても、いったん2次元イラスト化されたものをマネするのは簡単なのです。

　元となる既存イラストを探すことも、いまは容易です。

　こういうイラストが描きたい、と思ったらGoogleで画像検索をしてみましょう。例えば「走っている人を描きたい」というときは「走る人　イラスト」などで画像検索をするのです。

　そうすると、いろいろなタッチ、いろいろな角度の走る人が出てきますから、イメージに合うものを画面で眺めながら描いて練習してみるのです。

　デッサンモデル人形も役に立ちます。私は100円ショップで買ったのですが、Amazonなどでもいろいろな種類のものが売られています。

　これにポーズをとらせて描いてみるのもよい練習になります。

落書きからはじめましょう

　私がイラストを描くときに使っているペンは、いわゆる「消せるボールペン」のフリクションボールペンなのですが、このシリーズには色を塗れるマーカーもあります。

　これらを使いますと、納得のいく線や色が出るまで書き直しができるのでとても便利です。

　使用するペーパーは、薄いブルーでケイ線が引かれた5ミリ方眼紙をオススメします。水平垂直がわかり、サイズ感をつかみやすい上、スキャナーで読み込んだときにはケイ線は写りません。

■このレベルでも大丈夫

　最初はマネからはじめてコツをつかんでいき、やがては写真や立体物を見て描いたり、頭の中で想像しながら描けるように練習していき

ましょう。

　また、パソコンとタブレットや、iPadでもデジタルにイラストを描くことができます。

　まぁ、そんなことを言いだせば、もうAIが描いてくれる時代だということにもなりますね。

　上手ではない下描きを読み込ませると、プロっぽいイラストに変換して出力してくれるAIソフトもありますので、そのようなシステムを利用することも一つの方法でしょう。

　例えばDALL − E3などを使ってプレゼンテーション用のイラストを描く場合は、プロンプトに「ミニマルラインアートで描いてください」と入れることで、ビジネス用途に向く線画をアウトプットすることができます。

デザインを外注するテクニック

キービジュアルが必要なとき、いちばん手間がかからないのは広告会社へ丸ごと発注してしまうことです。

商品・サービスの内容やメリット、こちらの意図や希望を相手に伝え、キービジュアルやキャッチコピーの表現を考えてもらい、デザイン案のプレゼンテーションを受けるのです。

次にラクなのが、デザインプロダクションやフリーランスのデザイナーに発注するやり方です。相手の事務所にコピーライターがいなければ、外注してもらうか、こちらでキャッチコピーの案を書いて渡すことになります。

クラウドソーシングを使いこなすコツ

しかし、こうした方法にはコストがかかる割に効果のある表現ができてこない問題があると先に書きました。

そこで、コストを抑えてプロにデザイン案を考えてもらい、よいものができあがってくればそのまま使うけれど、そうでなければ参考にする程度にとどめる、というやり方もあります。

これはクラウドソーシングに発注するということです。発注価格が抑えられるので、こうした活用法も選択できるのです。

クラウドソーシングには主なところで、「ランサーズ」や「クラウドワークス」、または「ココナラ」などがあります。

●クラウドソーシングを活用するメリット

1. 低コストで発注できる

　　……事務所を構えている会社より格安で依頼できる

2. 料金が明確に決まる

　　……メニュー価格で選ぶこともできる

3. 過去作品を見て検討できる

　　……ポートフォリオを閲覧できる。リアルより探しやすい

4. クチコミなどの評価で確認できる

　　……星で評価されていたりするので客観的な品質を担保できる

5. 希望や変更を言いやすい

　　……知り合いや紹介ではないので、遠慮なく希望や変更を伝えられる

　かつては、プロになりたいけれどなれない人が登録している印象があったのですが、いまは実力のあるプロフェッショナルも多く登録しているようです。

　地方暮らしをしながらマイペースで仕事をしたい、というライフスタイルのクリエイターが増えたからではないかと思います。顔を合わせなくても仕事はしてもらえますから、遠隔地でも問題はないでしょう。

　広告会社やデザイナーに仕事を発注したことのない人は、どうすればよいか戸惑うかもしれませんので、発注の仕方について説明します。

　もっともメジャーであるとされるランサーズを例にとりますと、仕事の発注形態は2通りあることがわかります。一つはパッケージ式。もう一つは見積もり式です。

　パッケージ式は、スキル（仕事）をパッケージ価格で販売している人を選んで購入、納品してもらうものです。

　例えば、ロゴ・マークデザインを2〜3万円くらいで依頼したいときは、その範囲で価格設定をしてロゴ・マークデザインをパッケージ販

売している人のメニューから選択して発注するカタチです。

登録クリエイターを選ぶ方法

今回のようにキービジュアルなどクリエイティブ表現を発注する場合は、見積もり式になると思います。

この場合は、依頼内容の概要を書いて仕事依頼として登録し、応募（入札）を待ちます。そして応募のあった人のなかから選び、正式発注をして作業・納品してもらいます。

クリエイターを選ぶ方法ですが、いずれの方式でも応募者の過去作品（ポートフォリオ）や実績、評価のレビューを確認することが基本になります。そして、似た業種の過去作品でよいものがあるか、自社（自分）のテイストと合うかなどをチェックします。

そうやって4〜5人程度に絞り込んだあと、「無料相談」から何らかの質問、問い合わせをしてみます。

この連絡に対して2〜3日間も返信が来ないような人は論外ですし、質問や相談にきちんと回答できていない返信をしてくる人も困ります。

ところが、なかには質問にきちんと答えた上で、さらに「こういう場合は、このようにするとよいと思います」などのように、先回りして心配をしてくれる人がいます。

もうおわかりだと思いますが、発注するべき人はこのような人です。

ちなみに、こちらの希望通りの仕事をしてもらうには、依頼文の中身が重要になります。とくにフクザツな商品の場合は理解してもらうことに注力しなければなりません。

希望内容もできるだけ詳しく記入するほうがよいのですが、あまり条件を固めすぎますと、クリエイターが自由に工夫する可能性を閉ざすことになってしまうので注意が必要です。

■オリエンテーションの仕方〜オリエンテーションの必要項目
▶制作物の目的／目標／コンセプト
▶メディア（ウェブサイト、フライヤーなど）
▶商品・サービスの機能・特長・メリット
▶対象となるお客様
▶予算
▶スケジュール　　　など
▶条件（ロゴ・マーク、起用タレント）

　こうした依頼内容の伝達をオリエン（オリエンテーション）と呼びます。このオリエンシート内容を、きちんと総括して考えることは頭の整理にも役立ちます。

■オリエンテーション・シート例

■オリエンテーション・シート	記入日	年　　月　　日

制作物の目的 /
コンセプト

■制作の狙い　～制作物によって解決したいこと / 目標

■メディア
■サイズ

■訴求すべき点 / 特長 / メリット　～どうしたら見込み客は意思決定するか

■対象者 / ターゲット　（ターゲットの特長 / 市場の背景）

■予算 / 使用開始時期 / スケジュール

■制約　（入れなければならないロゴマーク、写真、企業スローガンなどの要素）
**　※その他の情報 / 条件 / 背景 / 備考など**

キャッチコピーも外注したい場合は、別々に発注することになると思います。発注相手が会社組織の場合は、一緒に依頼することもできるかもしれません。

　可能であれば、あなた自身でキャッチコピーやキービジュアルを発想してから、デザイン処理を発注する形態をとることができれば、非常に効果的であるといえます。

ウェブ制作を外注するときの注意点

　ウェブサイト全体についても、クラウドソーシングで発注することができます。弓削徹のウェブサイトは、まさにランサーズのクリエイターさんに制作してもらいました。

　クラウドソーシング以外でも、制作会社の選び方や基準は先ほど書いたものと変わりありませんが、長いつき合いになることも多いので契約内容がとても重要です。

よく相談を受けるのが、「イニシャルコストが安い、またはゼロ円の
ウェブ制作の営業を受けているが、契約してもよいものでしょうか」
というものです。

　たいがい、一定の月額料金を請求されるサブスクリプションになっ
ており、3年、5年と払い続けると合計金額はけっこうな高額になった
りします。

　業者の狙いもそこですので、「やめたほうがいいですよ」とアドバイ
スしています。

　月額を払っていれば修正や追加・変更があったときに安心ともいえ
ますが、多くの場合はたいして修正することはないのです。あるかな
いかの修正のために保険のように定額を払い続けるのはもったいない
といってよいでしょう。

　むしろ、会社の人が追記や編集をしやすいWordPressなどのCMS
を導入しておいてくださいと、最初に頼んでおくほうが現実的です。

　そのようなサブスクリプション契約をすでにしてしまったという会
社に聞くと、ドメイン（URL）やレンタルサーバーの管理まで、まる
まる業者がおこなっているケースが少なくありません。

　そうなると、制作会社を変えようと思っても容易にはできません。ド
メインやレンタルサーバーの契約、管理は必ず自社で直接行うように
しましょう。

　クリエイターの料金についても書いておきます。

　請求額が安価なクリエイターに依頼したときは、素晴らしい表現案
ができあがってくるとは思わないほうがいいかもしれません。やはり、
よい仕事をするクリエイターの料金は高いものです。

　では、請求額が高ければよい表現案が出てくるかというと、それは
違います。平凡なデザインしかできないからといって、遠慮をして安
い料金設定にしているとは限らないのです。

発注前後の留意点とは

　発注後には、できあがってきたデザイン提案を確認するタイミングがあります。

　このときの留意点としては、デザイナーやカメラマンにはそれぞれ希望があるということです。

デザイナーの主な希望
- 文字のポイントを小さくしてカッコよくしたい
- デザイン要素を小さくして余白をとりたい

　そもそも日本語はアルファベットのようにカッコよくないのですね。

　英語なら大きく入れてもデザイン要素のようになるのですが、日本語はそうは見えません。

　そこでデザイナーはどうしても文字要素などを小さく処理しようとします。カッコいいデザインにすることには賛成なのですが、キャッチコピーや商品が小さくなりすぎるのは困ります。

　少しダサくなっても、できればメッセージや商品は大きく出したいのです。デザイナーの希望に負けずに修正を入れてください。

カメラマンの主な希望
- 自分でトリミングを決めて寄りで撮りたい
- 暗めのカッコいい写真にしたい

　カメラマンは自分で画角（トリミング）を決めたいので、被写体に寄って撮ろうとします。しかしレイアウトの都合で写真のトリミングを変えられる自由度のことを考えると、画像データ自体は引き（広めの画角）で撮影してもらうほうが便利です。

　これは撮影してしまうと撮り直しはできませんので、当日に現場へ立ち会いに行かないのであれば、「引きで撮ってくれ」と釘を刺しておく必要があります。

また、ライティング（照明）としては、暗めのスタイリッシュな写真を撮りたいという欲求がカメラマンにはあります。

　しかし、当然のことながら商品は明るく撮ってもらわなければ困りますので、これも釘を刺しておきます。

　ただ、暗い写真を明るくすることは画像編集ソフトでできますので、トリミングほど深刻ではありません。とはいえ、いずれにしても発注時には注意が必要です。

印刷するときのヒント

　最近はネット印刷が主流となっており、リアルで街の印刷会社に発注する機会が減りました。

　知り合いの印刷会社に見積もりを依頼しようとすると、「そういう印刷物ならネットでいいのでは?」と逆提案を受けることすらあります。

　たしかに、変わったサイズやPOPなどの抜き型の印刷物、パッケージや箱などの立体物、あるいは色調整がとくに厳格な化粧品やアパレル系の商品でなければネット印刷で十分でしょう。

　その入稿についても、プロのデザイナーでなくても問題ありません。あなたの得意なソフト、例えばパワーポイントやワードなどで原稿をつくり、それをPDFに変換して入稿すれば印刷物ができあがります。

印刷見積もりは発注のたびに毎回とる

　ネット印刷の会社は数が増えており、サイト上で印刷費用の見積もりが算出できるところも数多くあります。

　印刷会社によって得意な印刷物の種類は違いますし、価格も変動します。「得意な」というのは、A4サイズのページものが低価格な会社があれば、大判サイズのバナー印刷がさまざまな素材バリエーションを選べて価格も良心的な会社もある、という意味です。

　しかも、各サイトの印刷料金は時期によって変動しますので、発注をするタイミングごとに毎回、見積もりをとり、どこに発注するかを選定する必要があります。

また、価格は納品までの日数によって異なるので注意が必要です。

データを入稿しだい直ちに印刷して翌日には発送するという超特急メニューですと当然、価格は高くなります。

反対に、印刷期間に1週間以上の余裕を持ってスケジュールを組み、入稿することができれば、より低コストでの発注が可能になります。

■主なネット印刷サイト

▶プリントパック　https://www.printpac.co.jp/

▶ラクスル　https://raksul.com/

▶グラフィック　https://www.graphic.jp/

▶プリントネット　https://odahara.jp/

▶WAVE® ウエーブ　https://www.wave-inc.co.jp/

▶東京カラー印刷　https://www.tcpc.co.jp/

前項のようにクラウドソーシングでデザインを外注したときは、デザイナーの人にネット印刷への入稿を依頼することもできます。

この場合は、ネット印刷へのユーザー登録と注文を自社でおこない、支払いを終えたあとでIDとパスワードをデザイナーに伝え、入稿のみをおこなってもらうようにするとスムーズです。

ネット印刷では紙厚を一番手だけ上げる

ネット印刷と、営業の人が来社して打ち合わせをしてくれるような従来タイプの印刷会社を比較しても、印刷発色のキレイさではそれほど差は感じません。差があると感じるのは紙の厚さです。

印刷物を発注するときの紙厚は斤量^{きんりょう}という重量で表現されます（原紙1,000枚のときの重さ）。

例えばA4サイズのフライヤーであれば90kgや110kgの紙厚で印刷する、12ページものの会社案内は立派にしたいので135kgで印刷する、という具合です。

　しかし、同じ110kgで印刷したとしても、ネット印刷から納品される印刷物の紙厚はほんの少し薄い気がしてしまいます（10〜15%程度）。そのため、支援先でツールの発注をする際は「一番手、上げましょう」と言っています。

　つまり、90kgで刷る場合は110kgに上げる、110kgにしたいときは135kgにするということです。

　近年、紙代が高騰してはいますが、それでも紙厚を一番手上げても印刷料は大きく上がるわけではありません。

　とくに会社の顔として長く使うような会社案内などは、紙が厚いと会社の中身までしっかりしているように受け止められたりします。迷ったら、厚めの用紙で発注しましょう。

コート紙とマット紙の使いどころ

　紙の種類は、ざっくり言ってしまいますとテカテカかザラザラです。

　テカテカはコート紙やアート紙と呼ばれ、光沢があり、高級感のある紙です。光をよく反射するので文字が読みづらいときもあります。写真などの発色がよく、カタログなどで多く使われています。

　ザラザラはマットコート紙と呼ばれ、つや消し調で光を吸収するため反射も強くありません。しっとりとした感じで、写真やインクの発色は微妙に薄い仕上がりになります。

　どちらがどの用途に向くという決定的な要因はなく、上品な仕上がりにしたいならマットコート紙で、という程度です。

　本当に上品な仕上がりにしたいときは、追加料金を支払ってPP加工にするという選択肢もあります。PPとはポリプロピレンのことで、紙

表面に薄くフィルムを圧着させるものです。

　女性向けファッション誌などの表紙はPP加工になっていますので、見てみてください。

　PP加工にもマット調があり（マットPP）、非常に高級感のある仕上がりになります。長く使う会社案内などには最適です。

第 **6** 章

ツール別・作成の
ずるいヒント

キービジュアルの発想法は、
さまざまなツールに活かすことができる。

当てはめるだけの
広告ツール作成法

　広告やフライヤー、折込チラシ、DMなどは必要な情報を網羅して購買意向を高めてもらうことが役割です。

　そのため、記載すべき要素はだいたい決まっています。そして、もちろんメインはキービジュアルです。

　まずは、広告、ポスター、タペストリーのような3秒ツール（2〜3秒程度しか見てもらえない性質）に必要な要素を見ていきましょう。

```
┌─────────────────────────────┐
│ ⑦会社ロゴ                    │
│                             │
│                             │
│   ①キービジュアル            │
│                             │
│                             │
│  ②キャッチコピー             │
│                             │
│  ③サブキャッチ リード/ボディ   │
│                             │
│         ④商品スローガン       │
│         ⑤商品名             │
│  ⑥会社名 / URL              │
└─────────────────────────────┘
```

　新聞、雑誌広告や駅や掲示板などに掲出されるポスター、あるいは店頭や展示会のブースに掲示されるタペストリーなどのツールです。

　その特徴は、一瞬しか見てもらえないという宿命であるということです。

そのため、他のツールにも増して、キービジュアルの果たす役割が大きいといえます。

　次はフライヤーや新聞折込みチラシなど、手にとって見てもらえる可能性が高いツールです。前ページのツールと比べると、やや説得のための時間を長めにとれる可能性があります。
　オモテとウラがありますので、まずオモテ面でおおまかなベネフィットをわかってもらい、ウラ面で詳細を伝えて検討してもらう、という展開を前提として作成したいところです。

■B4折込チラシの要素例

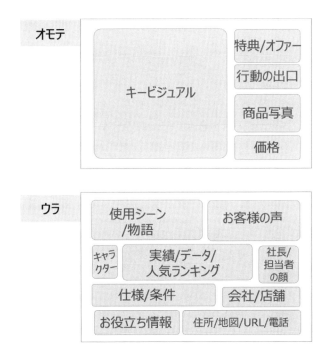

　近所にオープンした飲食店のポスティングチラシが入っていたりしますが、たいがいデザインのレベルは高くありません。修正したくな

るような点がたくさんあります。

　しかし、近年はウェブサイトにデザインの参考となる情報がたくさんあるため、店舗の中の人が作成しているのか、プロのデザイナーなのかわからないものが増えています。

　逆にいえば、そのレベルで一般的には戦えるということです。

　本書ではここまでキービジュアルのつくり方やキャッチコピーの書き方を述べてきましたが、いよいよツールの細部までつくり込む段階まで来ました。

あとは要素をパズルのように置いていく

　まず、ツールのサイズ感を決めましょう。

　折込チラシならB4サイズ、フライヤーならA4サイズが多いですが、例えば店頭から女性にサッと持ち帰ってもらいたいツールであれば小さく折りたたまれたものであることが必要です。

　A4を3つ折りにしたもの、または4つ折りにしたものなど、小さめのバッグでも入るサイズ感を意識してください。

　ただし、変形サイズにすると印刷代が余計にかかることもあります。ですので、印刷料金を確認してから最終的なサイズを決めるとよいでしょう。

　サイズ感とタテヨコ比率が決まったら、紙にそのスペースをハコとして描き、記載しなければならない要素を隣に書き出します（前ページの要素例を参考にしてください）。

　それらに重要度の順番をつけ、大きさと見てもらう視線の流れの上に置いていきます。

　ここまでで作成できているはずのキービジュアルやキャッチコピーを大きくメインの場所に置き、あとは細かな要素を入れ込んでください。レイアウトのパターンなども参考にして収めてください。

また、ここでもGoogleの画像検索が役に立ちます。「○○○＿チラシ」などで検索してみてください。レイアウトの収め方やデザイン処理の参考になる実例がたくさん出てくることと思います。

　さらに「チラシ　デザイン　参考サイト」などで検索すると、まとめサイトを探すこともできます。

会議をリードする
ホワイトボード描画術

　会議の席で、ホワイトボードにイラストや図を描いて説明すること
がよくあります。

　もちろんキービジュアルほどのレベル感ではありませんが、イラス
トを描いて見せると、それほどうまくなくても「雰囲気が伝わる」と
言ってもらえます。

　展示会ブースのような立体ものは、描くのもむずかしいですが、ヘ
タでも描けば理解を促進できます。頭を整理するための図解を会議メ
ンバーでも共有、活用するわけです。

ホワイトボードは時短会議の友となる

　社長や上司の独演会になるような会議ではホワイトボードは不要で
すが、前向きな場であれば参加者の視点が定まり、進むべき方向が共
有されるツールとなる効果があります。

　絵や図解によって伝えたいイメージやニュアンスが理解されやすく
なりますし、参加者の誰も迷子にならずに進められます。

　記憶にも定着しやすくなりますし、何より会議の流れを見える化で
きるところがポイントです。会議の流れや問題点を図解すれば、課題
がわかり、何を考えて発言するべきかがわかります。そして、ゴール
設定や決定へ至ると納得感も共有されます。

　ブレーンストーミングのようにアイデアを求められる会議でも同様
です。アイデアを声に出して聞いてもらうよりも、「こうしてはどうで
しょう」と絵に描き出したほうが意図を理解してもらいやすいでしょ

う。

　そして、すぐに消えてしまうこともなく、その「絵」はホワイトボード上にずっと残ってブレストの間じゅう参加者の脳裏にタッチ（接触）を繰り返します。最終的に、どのアイデアが採用されるかにも影響を与えるはずです。

　つまり、会議は図解で決まるのです。

流れと仕上がりをイメージしてから書きはじめる

　ホワイトボードを上手に使って考えをまとめながら発表するには、記入後の「仕上がり」をイメージしておくことが大切です。

　そのためには、まずホワイトボードを頭の中で何分割するかを決めます。

　ホワイトボードは横長です。これを左サイドと右サイドの2分割で使うのか、4コママンガのように4象限に分けて「左上→右上→左下→右下」と展開するのか。

仮に最初に説明するＡを根拠としてＢを提案するのなら、左右2分割となり、左サイドと右サイドの間のスペースに矢印を置くイメージになります。

　こうした配分を間違えると記入スペースに過不足が生じたり、ストーリーの流れが滞り、スムーズに理解することができない版面となってしまいます。

　また、配置や図のタイプを工夫することで、よりわかりやすく、理解を加速する図示を心がけましょう。

ホワイトボードの基本的技法

　図解の基本は、キーワードを書いて四角く囲むことです。

　そこから矢印を発して、着地点に丸を書いてまたキーワードを記入する。むずかしく考える必要はありません。

　こうして流れを表現することで、一定の説得力が出ます。つくり込むことが前提となるパワーポイントでは特別ともいえない2、3コマのフロー図でも、ホワイトボード上なら話は別なのです。

　自分なりの結論が出ていて、そこへ導いて説得したい場合、結論から考えて、理由1を左に書き、理由2を右に書き、それぞれから矢印を真ん中に引っ張った上で、結論を書き、ぐるぐると丸く囲むと、なんだか「結論が出た」という感じになります。

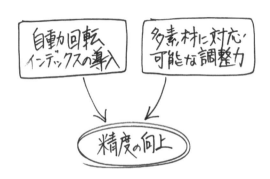

ホワイトボードでは、発案者に確認を取ったり、各人の意見を反映したり、決定権者に念を押したりして図にしていくことで、まるで会議参加者の総意であるかのようにできあがっていくものです。
　一緒に記入項目を考えてもらうやり方であれば、一緒に図を完成させていくことになるので、共感ができ、その結果を共有することができます。

各意見を取り込んで認識を育てていく

　反対意見が出たら、それも図の中に要素として取り込んで、自身の結論に引き寄せてしまえばいいのです。反対意見も多様性をもたらして役に立つ、結論の礎石にするわけです。

　近年は、ホワイトボードをスマホで撮影して記録、共有することが多くなりましたので、そのときに仕上がりが一人歩きできる「1枚シート」になっていれば理想的です。

　とはいえ、以上のように計画的にできないのが会議というものですので、論点や問題点が書かれているだけでも、参加者のベクトルが統一され、効果があったと評価していいと思います。

　ホワイトボードを書いていたら気がついた、ということもあります。ポジショニングマップを書いていて、欠落部分が浮き上がってくるようなことですね。
　こうした効用も含めて、ゴールに近づくことはもちろん、会議の迷走も少なくなるのではないでしょうか。

　会議には進行をリードするファシリテーターという役回りもありますが、ホワイトボードの活用によって会議の混迷をほぐすような格好にもなります。

自分の手柄を際立たせようということではなく、ゴールとその道のりを共有するつもりで、虚心坦懐にホワイトボードの前に立ちましょう。

　日頃からできる練習としては、見やすいスライド資料をつくることを常に心がけておくことでしょうか。

小さなホワイトボード・ハックなど

　参加者全員がホワイトボードの版面を見やすい角度に調整することが大切です。光って見えづらい人がいないかどうかにも気を配りましょう。

　文字サイズは大きく。書いていくうちに右肩上がりになる人が多いので、そこに注意して書きましょう。ガイドの点線などが印刷されているホワイトボードなら、その線に沿って書くようにします。

　焦って早く書こうとするあまり字が乱れ、あとから誰も読めないということになっては困ります。速く書くことより、キレイめに書くほうが、信頼されるものです。

　顔を描くのも、丸に3つの点を入れるだけでもそれらしく見えるものです。私たちはイラストレーターではありませんので、「そこそこ」のレベルでよいのです。

　また、マーカーの色を選べるなら、適度に使い分けるようにしましょう。地の文を黒、外部の要件を青、結論を赤のマーカーで書くなどです。

　だいたいのルールを決めておくと迷わずにすみますし、周囲もそのつもりで見てくれるようになります。

　瑣末な話ですが、ホワイトボード用のマーカーは安物を買わないようにしましょう。

　マーカーで書いたものを消すとき、安物のホワイトボードだと文字が消えにくかったり、薄く残ってしまうことがあります。

そのため、ホワイトボードは高くてもホーロー製を買ったほうがいいという意見も聞きます。

　しかし、これはホワイトボードのせいではないことが少なくありません。むしろ、問題はマーカーのほうなのです。

　間に合わせで買った100円ショップのマーカーはインクの質が低いので消えにくく、あとに残ってしまうことがあるのです。

　そのため、ホワイトボードの高級品を買うよりも、マーカーのよいものを買うほうが効果的で経済的なのです。

　スマホの撮影アプリで撮影して記録することが多いと思いますが、真正面から撮らないと、どうしてもパースがついてしまいます。撮影アプリは、「編集」機能により、それを補正することができるのですが、時間がないときはめんどうです。

　そんなときに便利なのが「Microsoft Lens」というマイクロソフトのアプリです。

　これは、斜めから撮った台形のホワイトボードが、何もしなくても正対して撮影したキレイな長方形に認識されて保存されるというすぐれものです。

　その画像を参加者全員で共有すればいいのですが、やはり自分で撮りたい、という人もいますので、ホワイトボードを消す前には、一言、確認をとってから消すようにしましょう。

　インサイドセールス（見込み客に対して非対面で行う内勤営業を指す）が取り入れられたことで、リモート営業やオンライン営業の機会が増えました。

　そして、ビデオ会議などを通じての営業では、ますます供覧する資料の役割が重要になってきているといえます。

　これらの営業資料にも、説明を高速化するキービジュアルが重要な役割を果たすということは先述した通りです。

　本項では、キービジュアルを含む情報をどのように活用すればよいかを説明します。

　私は支援先の営業活動に助言をする際、たくさんの営業資料を目にする機会があります。そして、いつも思うのは情報の順番が残念であるという現実です。

　一般的な営業資料は、かなりの確率で自社の概要紹介や実績、歴史から入ります。続いて市場環境や課題の確認、共有に紙数を割いている印象です。商品やサービスを説明する各ページの表現はわかりやすいものが多いだけに、余計にもったいないと感じてしまいます。

営業資料は冒頭で「衝撃」を与える

　前提として、会社を信用してほしいことや、業界の課題を共有したあとに解決策の提示に入りたいとていねいに考えるのはもっともなことです。

しかし、あなたが営業を受ける側であったらと想像すればおわかりのように、まだ取引をするかどうかわからない会社の歴史や沿革を詳しく知りたいとは思わないでしょう。

冒頭にキービジュアルを見せることが本書の提案内容ですが、その性質によって、営業資料での置き場所は異なります。
例えば、背景となる仕組みを説明するならうしろのほうにあってもいいのですが、ベネフィットを伝えるものであればトップページ近くに置くべきでしょう。

人の集中力は長くは続かないということもよく指摘されています。
そのため、聞いてもたいくつな前提を述べるのではなく、まず冒頭でこそ衝撃を与えるべきなのです。
この衝撃とは、「そんなことが可能なのか?」と驚くような成功事例や実験結果などです。
インパクトのある事例を冒頭に持ってくることで、「それが本当に可能なら話を聞いてみたい」という「聞く姿勢」をつくりだすことができます。

あるいは、キービジュアルのような1枚絵にこだわらず、実証的な結果を表現することも有効です。それは、衝撃的で理想的な成功事例の紹介などです。
それらは「i-REED」のフレームワークで記憶し、活用すると便利です。営業資料の「i-REED」とは次のような項目です。

■i－REEDによる営業資料の構成

・impact　衝撃
・Reason　理由
・Evidence　証拠
・Example　事例
・Details　詳細

そして、i－REED項目を営業資料の内容で順番に落とし込むと、次のような構成になります。

■営業資料はこの順番で！
①インパクト・衝撃
→キービジュアルで圧倒的なベネフィット、理想的な成功事例を表現
②根拠・エビデンス
→数値データ、実証結果
③事例
→3～5社程度の先行事例
④詳細
→技術、素材、ネットワークなど
⑤会社紹介
→得意分野、実績

また、各項目の内容は営業先の部門によって変わってきます。

例えば設計開発部門であれば、技術そのもの、バリュー・エンジニアリング提案であり、流通チェーンの本部バイヤーであれば、独自の

商材であること、利幅がとれること、などになります。

　こうした、相手の関心や興味に刺さる提案を、キービジュアルの効果も活用してわかりやすく行うことで、成約率を高めることができるのです。

従来タイプの営業資料を…

心をつかむプレゼン資料の
ポイント

　営業資料に限らず、プレゼンテーションなどで作成する資料の説得力を上げるのもキービジュアルの効用です。

　相手から求められてのプレゼンテーションの場では、利害があるため聞き手も前のめりであることも少なくありません。

　しかし、営業先での商談や、企業が定額制で契約して参加できるセミナーなどでは、上司に言われたので仕方なく来ているという参加者も多く、聞き手のモチベーションはそれほど高くないと考えなければなりません。

　そうした関心度の高くない聞き手に対しては、わかりやすく、よりうけとらえるスライド資料を用意することが欠かせません。

資料の1枚1枚を広告表現と考える

　社内資料なら細かい文字組みや表組みが入っていても、情報が正確でありさえすれば問題はないのですが、上記のような聞き手に対してはそうはいきません。

　資料スライドの1枚1枚が「広告表現」なのだと思って作成してください。本書で述べてきたキービジュアル、1枚絵のつくり方を1ページ1ページに活かしていけば、純度の高い資料ができあがることと思います。

　その上で、ページものとしてのフォーマットを工夫します。

　まず、各ページ上部（ヘッダ）のタイトル周りですが、ここには帯

を置いてコーポレートカラーなどで塗ります。

　コーポレートカラーがネイビーブルーであれば、タイトル文字は白抜きでレイアウトすると目立って読みやすくなります。

　色数や使用書体を少なくすることは先に述べた通りです。タイトルと見出し文に太めのゴシックを使い、本文は細めのゴシックでよいでしょう。

フォーマットの一例

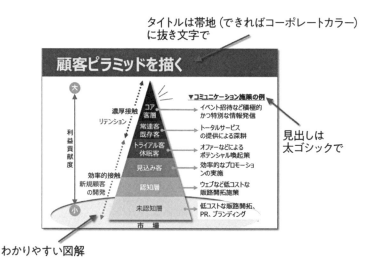

本文部分は、左側60%に図版や写真などを置き、右側40%に説明文を置くなど、基本的なバランスのフォーマットをつくっておくと便利です。パワーポイントで作成していくときも、メニューから「スライドの複製」を選んでいけばフォーマットに則ったページがどんどんできます。

　ここに挙げたフォーマット例よりもカッコよくデザインしている人も多いと思います。また、アニメーションなどを使ってテレビ番組風のめくり効果を出してもいいと思います。

ただ、処理そのものが主役になり、聞き手の気が散ってしまうことがあっては本末転倒です。

　フクザツよりはシンプルにしたほうが使い回しもラクですので、「センスよくラク」をするようにしてください。

　各タイトルは、1本のキャッチコピーを作成するつもりで書いてください。つまりビジネス文書というより、感情に訴えるような言葉を使うことで印象を強くするのです。

（例）
・売り上げ拡大策のご提案 → この施策なら地域いちばんになれる！
・SNS活用企画案　　→　「Instagramで愛される会社」になる作戦

聞き手の反応・質問を受けて改善する

　説明をしていて余裕が出てきたら、聞き手の反応をよく見てください。ふんふんとうなずいている様子であればよいですが、納得のいかない表情であるなら、そのページの問題点をつきとめて修正します。

　また、質問が出た部分については説明項目を足したり、図版やデータをわかりやすくするなど改善するようにします。

　説明文を長く書いている資料も散見します。手渡し前提ならよいのですが、その場での情報共有を狙うのなら説明文などは短く、箇条書きなどにとどめるほうがよいでしょう。

　聞き手は文章を読みませんし、読みはじめると肝心な説明のキモが耳に入らなくなります。

パッケージは広告でありPOPである

地方の中小企業がはじめてつくった加工食品や、スタートアップ企業の1人メーカーがリリースした商品を見るとき、いつも同じ感想を持ちます。

それは「なんの商品かわからないパッケージデザイン」というハンディを背負っている、ということです。

デザインはキレイなのです。色使いも申し分ありません。上品なデザインや、ときにアートで野心的なデザインもあり、何かのデザイン賞をとってもおかしくありません。

しかし、じいっと10秒くらい見ないとなんの商品かわからない、なかには1分見てもわからない商品もあります。

仮になんの商品かはわかっても、選ぶ理由は伝わってきません。有名企業のブランドでないのなら、みすみす販売機会を逃すことにもなりますからもったいないのです。

パッケージもキービジュアルで強くなる

お客様との最初の出会いがウェブショップのアイコンや、店頭で手にとったパッケージというケースは少なくありません。いわば、その第一印象で実力を発揮できるかが、パッケージデザインにかかっているのです。

パッケージに近い存在として、プロダクトデザインも同様です。あまり意識されていませんが、一見して何に使うのかがわかるデザイン

であること、どうやって使うのかが直感的にわかるデザインであることは非常に重要です。

そもそもパッケージには、基本的な機能があります。それは、商品を保護する、他社商品と差別化する、開封しやすい（食べやすい）などもそうです。

しかし、それ以上にパッケージとはメディア（媒体）の一つです。商品を理解してもらい、手にとらせ、説得して購入してもらうための有力なメディアなのです。

店頭でパッケージは孤立無援です。POPや店頭ポスターを掲示してもらえることはなかなかありません。ウェブショップでも、パッケージこそきちんと表示されますが、別途にキャッチコピーを掲載してもらうことはむずかしいでしょう。

だからパッケージ自身が訴求力を持たなければならないのです。

ここでも、キービジュアルが効果を発揮します。ライバル商品がひしめき合う店頭やウェブショップにおいて、アイキャッチャーとしてまずは目立つ。そして、商品を買うことのメリットを伝えてくれる。

一緒にいるネーミングやキャッチコピーがともに戦う仲間となります。

キービジュアルの要素の中でも、とくにパッケージで効果的に使うことができるものを挙げます。

キャラクターをアイキャッチャーに

商品のキャラクターが主役になっているパッケージです。代表例は「ガリガリ君」（赤城乳業）ですね。チョコボールの「キョロちゃん」（森永製菓）もお馴染みです。

キャラクターは目が合ったあなたに親しく語りかけて共感を呼ぶと同時に、アイキャッチャーにもなっています。

　アイキャッチャーという役割を担うアイテムは、つくり込まれたキャラクターイラストでなくてもいいかもしれません。

　観光地の売店に行くと、原材料となっているスイートコーンや、タケノコがパッケージにドーンと入っている商品を目にします。商品の頭文字である「ほ」の一文字が大きくレイアウトされているパッケージも見たことがあります。

　いずれも、目を引くという点では役割を果たしています。とにかくメリハリを極端に利かせれば目立つということはありますね。

効果・ベネフィットを訴求する

　ダイエット食品だからといって、キャッチコピーなどで「痩せる！」とは書けません。

しかし、キービジュアルならスリムな女性が微笑んでいてもいいですし、マスカラのパッケージでまつ毛がパツンパツンに伸びているおおげさなイラストも許されそうです。

ただし、果実飲料などでは含まれる果汁の割合によってデザイン表現が規制されていますので注意が必要です。

果実飲料のデザイン規制例（公正取引委員会による）
　　果汁100%……果実の断面や果汁が滴るシズル表現OK
　　果汁5%以上…果実の写真が使える
　　果汁5%未満…果実の写真、リアルなイラストは使用不可

使用シーン・使い方を見せる

使用シーンを見せる効果については141ページでも述べた通りです。使い方についても先に書きましたが、購買の意思決定の段階に近いパッケージでは、より重要な情報であるといえます。

（この商品を買っても自分に使えるかどうか）と思いながら、ホームセンターでパッケージを凝視した経験が私にもあります。

どんな風に使うものなのかをお客様がイメージしにくい商品では、パッケージ表面の下部、あるいは裏面に図解とともに記述することは有効です。

買いたくなるエピソードを伝える

日本で売られている商品は、みな品質は高く、食品ならおいしいものばかりです。その中で、ある特定の商品を選ぶには納得のいく理由が必要です。

それは、一つには明確なベネフィットなのですが、もう一つには物語があります。企業や商品の開発ストーリーなどに感情移入したり、興味を持って試したくなるのです。

インスタ映えを考えて購入する人もいるでしょう。そうした欲求に応えるのがエピソードなのです。

　例えば、滋賀県の近江にはお祝い事のときなどに赤いこんにゃくを食べる習慣があります。

　しかし、それを知らない観光客が道の駅でパッケージを見つけても買う気は起こりません。赤色はちょっとヘンですし、価格も高いのです。

　ところが、この赤色には由緒があります。

　戦国時代末期、派手好きで知られる織田信長がさまざまなものを「赤くせよ」と命じました。こんにゃく業者は「ムリです」と抵抗したものの、信長は許してくれません。

　結局、食紅などを使う努力でなんとか赤くした、という物語があるのです。このことを訴求しているパッケージは見たことがありませんが、もし信長の似顔絵とそのエピソードをパッケージに載せていたらどうでしょうか。

　(おもしろそう、どんな味がするのかしら?)と興味を持った観光客が買ってインスタグラムにアップするかもしれません。そこから拡散していく可能性もあるでしょう。

このように、その場で購入に至るには物語もとても有効だと思います。

とにかく色を敷いてみる

キレイなデザインだけれど印象の薄いパッケージにテコ入れするとしたら、どうするか。

もっとも話が早いのは、色を敷くことです。

つまり、パッケージの全面にオレンジや紫などの色を敷き、そこへ要素を載せ、ネーミングやキャッチコピーなどは抜き文字にするのです。

上品だけれど目立たなかったパッケージは、これだけで相当、自己主張の強いデザインに変わるはずです。

効果的な色の使い方については213ページも参考にしてください。

ロゴ・マークデザインはこう考える

　ロゴ・マークとは、いわばもっともシンプルで究極のキービジュアルです。

　ひと口に「ロゴ・マーク」と呼んでいますが、これは「ロゴタイプ」と「シンボルマーク」を合体させた便宜的な用語です。

　ロゴタイプとは、文字ベースの表記です。一方、シンボルマークは非言語のデザインアイテムです。これらを合体させると「可読＋可視」化され、コミュニケーションは加速します。

ロゴ・マークの例

ロゴ・マークに求められる要件を知る

　ロゴタイプは、以前はオリジナル書体をデザイナーが書き起こしていたものです。いまは予算がかけられないことと、既存書体のバリエーションが豊富になったので、一部の大手企業を除けば書体を組み合わせてつくることがほとんどとなりました。

シンボルマークは、非言語コミュニケーションを実現してくれますので、国境を越えたり、年齢を越えたりできます。

●認知度・露出効率が高まる
●性質・イメージが伝わる
●社業・姿勢が伝わる
●組織の意思統一をはかれる

　そのシンボルマークを安直に考えるとアルファベットのイニシャルになります。

　その結果、どうなるかというと、東京オリンピックのシンボルマーク類似事件です。「東京」だから「T」をマーク化しよう、という考え方ではあまりにも短絡的だと思います。

　そもそもアルファベットは26文字しかありません。社名のイニシャルをマーク化しようとすれば、全世界レベルで類似が起きて当然であるといえます。

　それに、いまはウェブサイトのタブにファビコン※が表示されますので、アルファベットではいよいよ個性を感じることができません。
※ファビコン：ウェブサイトを示すアイコン。タイトルバーやお気に入り登録したときに表示される。

　極端な例を掲げていますが、実際にはもっと微妙な事例や、係争となっているケースが業界内でもたくさんあります。

ブランディングにつながるロゴ・マーク

本来は、一目で社業やコンセプトが伝わったり、組織に一体感をもたらすようなデザインであれば理想的なのですが、それができているロゴ・マークはほとんどありません。

ブランディングとは目に見えない部分が重要なのですが、それでもロゴ・マークがブランディングのカギであることは事実です。個性的で目を引くデザインであれば記憶してもらい、選んでもらえる機会も増えるでしょう。

記憶しやすいという機能性では、シンプルなデザインがよく、小さく表示されたときもわかりやすいというメリットもあります。
しかし、シンプルにするとどうしても類似が出てきますので、そのチューニングがむずかしいところです。

では、アルファベットのイニシャルではなく、社業もわかるロゴ・マークをご紹介します。

■ロゴ・マークの参考例

・ベネッセ

人々が躍動しているデザインです。ここから、人々がその人らしく生きていくことを支援するビジネスと非常に親和性が高いデザインであると評価できます。

・築地玉寿司

　気風のよさそうな板前さんの顔がマークになっています。よく見ますと、この顔が「へのへのもへじ」のように「つきじたまずし」になっていることに気がつきます。

　これらは、安直にデザインされたものではないことはおわかりいただけるかと思います。

　そのほかでも、例えば工務店なら家を建てているマークだとわかりやすいですし、ホームセンターやDIYなら工具のビジュアル、赤ちゃん用品の店舗なら赤ちゃんのマーク、というように直接的に考えていけばよいのではないかと思います。

業態がわかるシンボルマーク

　日本はデザイン的にすぐれた「家紋」の国であり、ピクトグラムを生んだ国でもあります。
　言語を超えてコミュニケーションできるデザイン発想は、それほどむずかしくないのではないでしょうか。
※コーポレートカラーの使い方については215ページをご覧ください。

「一語一絵」で、「一期一会」をモノにしよう。

　本書は、少々こむずかしい商品やサービスを、明解な絵柄＝キービジュアルでわかってもらおう、そして買ってもらおう、ということをオススメする内容です。

　秒で伝わるキービジュアルをつくることができれば、コミュニケーション力が高まるので、コスト削減にもつながるはずです。

　ところが、そんな努力は非効率だとする意見もあります。

　タレントを使えば知名度は飛躍的に高まる。それでこそコミュニケーション・コストは大きく下がる。だから中小企業であっても、タレントに高額を支払って勝負するほうが早いのだ、という説を唱える人もいるのです。私にアイデア発想を教えてくれた石田さん(私が勤務していた広告代理店の社長)はそう言うのです。

　実例としては、「イモトのWi-Fi」や「にしたんクリニック」で知られたエクスコムグローバルを挙げます。

　しかし一方で、北の達人コーポレーションの木下勝寿さんは、「知られてはいけない」といって売り伸ばし、爆発的な利益率を叩き出しています。

　つまり、マーケティングの正解は一つではない、ということですね。

　私は、ただ差別化となるウリを絵にして見せるコミュニケーションを心がけたい。それで、時間も予算も超えて理解してもらい、ビジネスにつなげてほしいと思うのみです。

　私のビジュアルやデザインに対する興味は、美大卒のグラフィックデザイナーとのデザイン議論に負けないようにデザインや絵画の法則を学んだことからスタートしています。

　いまでは、情報量はますますあふれ、一通りのことはAIが弾き出してくれる時代に――。写真のような画像やイラストも、数秒で生成し

てくれます。

　そこへ人間の創造力が介入できることといえば、見込み客の心象風景に人間らしく寄り添い、ときには「この世代だからわかるよね」という仮説も仕込みつつ、人間くさくアプローチしていくことだと考えるのです。

人間の紡ぎ出す「味」に共感と理解が宿る

　本書に載せてもらっている、私が走り描きしたかなりの数のサムネイルも、ヘタクソで人間味が満載だと思います。

　言い訳をしておきますが、最初はすべてプロのイラストレーターに書き起こしてもらう予定だったのです。ところが、このほうが味がある、サムネイルとは本来こういうものでしょう？ と編集長に諭され(?)、そのまま出ることになったのです。

　たしかに手描きのぬくもりには、よくもわるくも個性がある。広告表現だって、ときにはダジャレや冗談のパワーも有効です。笑われながら理解され、くだらないと言われつつも印象に残る、ビジュアル・コミュニケーション。

　SNSの存在感が大きくなり、プロのタッチが必ずしも正解とは言えない時代になりました。時短、AI、情報過多。そんなキーワードで象徴されるこれからの時代に、発見され、目を止めてもらって理解を促すツールとして、ぜひ本書のキービジュアルを上手に活用していってほしいのです。

　さらに、キーワードの力も援用するという意味で、キャッチコピーについても十分に活用することをオススメします。キャッチコピーとキービジュアルの組み合わせは、いわば「一語一絵」。

　あなたの商品・サービスとの出会いを待つお客様との、一瞬の「一期一会」を幸福な邂逅とするためにも、表現のパワーとアイデアを最大限に活用してください。

最後になりましたが、本書出版の機会をくださった自由国民社・編集長の三田智朗さんに心よりお礼を申し上げます。

2024年4月　弓削 徹

■参考文献

『ファンダメンタルズ×テクニカルマーケティング Webマーケティングの成果を最大化する83の方法』木下勝寿（実業之日本社）
『実施する順に解説！「マーケティング」実践講座』
弓削徹（実業之日本社）

■ 著者プロフィール ─────────────────

弓削　徹（ゆげ とおる）

コピーライター、 クリエイティブディレクター、
日本工業大学大学院教授、 マーケティングコンサルタント。
クリエイターとしてSONY、サントリー、パナソニックなどの新商品開発、広告・販促キャンペーンを成功させ、「製造業なら弓削」との評価を得る。「ノートパソコン」の名付け親。
現在は、大学でマーケティング論の授業を行うほか、 全国の商工会・商工会議所で750回超の講演・セミナーに登壇している。フクザツなマーケティングテーマを、明解なキーワードと事例で伝える内容は、わかりやすく実践的と好評。
復興庁・有識者会議委員、 中小機構・中小企業／震災復興アドバイザーを務めるほか、
J-WAVE、 TBSラジオ、 チバテレなどメディアにコメンテイター出演、 専門紙（誌）に寄稿。
著書に『実施する順に解説!「マーケティング」実践講座』（日本実業出版社）、『届く! 刺さる!! 売れる!!! キャッチコピーの極意』・『売れる! 広がる!! 口コミされる!!! ネーミングの極意』（明日香出版社）、『即買いされる技術　キャッチコピーはウリが9割』（秀和システム）、『顧客は展示会で見つけなさい─確実に集客・商談を増やす48の法則─』（日刊工業新聞社）ほか多数。

あなたの商品のウリを1秒で伝えてください

2024年5月2日　初版第1刷発行

著　　　者　弓削　徹
カバー＆イラスト　和全（Studio Wazen）
本 文 デ ザ イ ン　株式会社シーエーシー
Ｄ　　Ｔ　　Ｐ　株式会社シーエーシー

発 行 者　石井　悟
発 行 所　株式会社自由国民社
　　　　　〒171-0033　東京都豊島区高田3丁目10番11号
　　　　　電話　03-6233-0781（代表）
　　　　　https://www.jiyu.co.jp/

印 刷 所　大日本印刷株式会社
製 本 所　新風製本株式会社
編集担当　三田　智朗

©2024 Printed in Japan